중국에서는

강한
2등이 돼라

중국에서는 강한 2등이 돼라

초판 1쇄 발행 2017년 11월 23일
초판 4쇄 발행 2023년 3월 3일

지 은 이 한광희
발 행 인 권선복
편　　 집 박순옥
디 자 인 최새롬
전 자 책 천훈민
발 행 처 도서출판 행복에너지
출판등록 제315-2011-000035호
주　　 소 (157-010) 서울특별시 강서구 화곡로 232
전　　 화 0505-613-6133
팩　　 스 0303-0799-1560
홈페이지 www.happybook.or.kr
이 메 일 ksbdata@daum.net

값 17,000원
ISBN　　979-11-5602-637-2 03320

도서출판 행복에너지는 독자 여러분의 아이디어와 원고 투고를 기다립니다. 책으로 만들기를 원하는 콘텐츠가 있으신 분은 이메일이나 홈페이지를 통해 간단한 기획서와 기획의도, 연락처 등을 보내주십시오. 행복에너지의 문은 언제나 활짝 열려 있습니다.

중국 사업 성공 18법칙

중국에서는
강한
2등이 돼라

한광희 지음

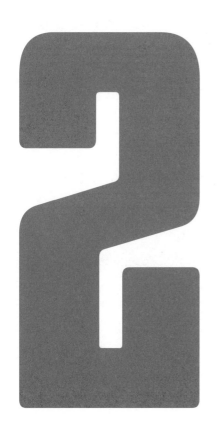

도서
출판 행복에너지

살아있는 현장 경험을 전합니다

중국은 절대 간과할 수 없는 큰 시장임이 분명하다. 특히 중국과 지척에 있는 우리나라로서는 중국을 제외하고 글로벌 사업을 논한다는 것이 어불성설語不成說일 수밖에 없다.

사드(THAAD:고고도 미사일방어 체계) 갈등 이후 잠시 주춤하지만 우리나라의 대중국 수입·수출 교역량은 날이 갈수록 높아지고 있다. 앞으로 중국에 대한 무역량은 더 높아질 것이며 중국의 영향력이 세계시장에서 더 커질 것이라는 전망은 두말할 나위가 없다.

그렇기 때문에 중국 시장 개척은 중요하며 중국 시장을 얻기 위한 더 많은 노력과 정책이 수반되어야 할 것이다.

중국에서 비즈니스 기회를 엿보는 기업체와 개인들이 많다. 그들은 중국을 알기 위해 여러모로 조사하며 공부하지만 넘쳐나는 중국 관련 정보 속에서 구미에 맞는 정보를 얻기는 힘들었을 것이다.

필자는 중국에서 15년 동안 대기업의 주재원으로서 성공적인 사업을 이끌었다. 중국에 대해 모두 안다고 말할 수는 없지만 중국 정보를 필요로 하는 사람들에게 15년의 경험은 분명 유익하고 꼭 필요한 정보가 될 것이다.

필자는 1990년 제일제당(현 CJ그룹)에 입사해 30년을 몸담았다. 제일제당에서 22년, CGV에서 8년을 근무했는데, 그 중 최근 15년간 중국에서 주재원으로 일해 왔다.

2005년 중국에 첫발을 내디뎠을 때 가졌던 자신감과 의지, 그리고 낯선 세계에 대한 두려움과 긴장감이 아직도 어제 일처럼 느껴진다.

중국은 정말 빠르게 변해갔다. 급변하는 중국 시장에서 살아남기 위해 100여 개의 대도시를 뛰어다니다보니 15년의 세월은 금세 흘러가버렸다. 비록 지나간 시간이지만 그 15년은 내 모든 열정을 쏟아 부은 시간이기도 했다.

중국 생활을 통해 배운 것도 많다.

성격상 모든 일을 밑바닥부터 철저하게 관찰하고 분석했던 경험과, 직급상 중국 고위층 인사들과 동사장(대표)들을 만날 기회가 많았던 점은 중국과 중국 비즈니스를 바라보는 시각을 넓히고, 중국 사업에 대한 감각을 키울 수 있게 해주었다.

중국 생활 15년 중 7년은 북경에서 조미료 위주의 식품사업에, 8년은 상해에서 영화관 사업에 종사했다. 같은 CJ그룹이지만 이 두 사업은 성격이 완전히 달라 마치 육상선수가 수영선수로 뛰어야 하는 것과 같았다. 여러 시행착오도 있었다. 하지만 조미료 시장을 개척해 북경 시장점유율을 3%에서 40%까지 높였고, CGV로 가서도 중국에 8개였던 영화관을 42개 도시에 81개까지 늘릴 수 있었다. 어떤 해는 25개까지 영화관을 오픈한 적도 있었다. 모두 리모델링이 아닌 신축 건물로 말이다.

중국의 다양한 지역을 출장 다니다보면 한국의 대기업, 중소기업, 그리고 개인 사업자, 학생들을 만날 기회가 많다. 그 중에는 노력한 만큼 성공을 이룬 사람들도 있지만 많은 수업료를 치르며 시행착오를 겪는 분들도 자주 접하게 된다.

농경생활에서 비롯된 한국인 내면의 근면성과 근성은 아시다시피 대단하다. 한국인의 열정과 도전정신은 세계 각지에서 수많은 성공 신화의 바탕이 되기도 했다.

그런데 그토록 열정을 다해 일했건만 그들은 왜 실패했던 것일까? 중국에서 성공하지 못한 한국의 기업과 사업가들을 보면서 이러한 질문에 대한 해답을 찾기 위해 고심했다.

그러던 중 중국 주재원 생활 15년을 정리할 수 있는 시간이 찾아왔다.

영업마케팅 본부장으로 조미료 시장을 개척했던 경험, 법인장으로서 영화관 사업을 확장해 나갔던 경험을 정리하게 되었다.

필자는 중국을 깊이 있게 연구한 사람은 아니다. 하지만 100여 개의 대도시를 출장 다니며 여러 동사장들과 업계 사람들을 만나고, 5개의 중국 업체와 제휴를 맺었던 경험을 갖고 있다.

많은 시장을 개척했던 영업마케팅 전문가로서 필자의 경험을 중국에 진출하려는 사람들과 나누고 싶었다. 중국에 진출하기 위해서는 중국에 관한 서적을 찾게 되는데, 이론서에서 배우는 지식도 중요하지만 중국에서 몸으로 부딪치며 배운 개인의 체험담도 도움이 되리라 생각했기 때문이다.

그런 의미에서 필자의 경험은 기업체 직원이나 사업가, 학생 등 중국에 진출하려는 사람들에게 피부에 와 닿는 정보를 줄 것이라 믿는다.

　다소 두서없이 진행되는 이야기도 있고, 개인 감상에 젖은 부분도 있지만 15년간 중국 현장을 발로 뛰며 터득한 노하우이자 경험담이라는 것을 기억해 주기 바란다.

　무엇보다 이 저서를 통해 독자들이 중국과 중국 사람을 더 잘 알았으면 하는 바람이고, 중국 비즈니스 현장에서 시행착오를 줄이는데 미력하나마 보탬이 되었으면 한다.

　1장은 중국을 제대로 알자는 취지에서 중국의 다양한 모습을 담았고, 2장은 조미료 사업, 영화관 사업을 통해 배운 영업 노하우들을 '중국 사업 성공 18법칙'으로 정리했다. 중간에 비즈니스 팁 9개도 담았다. 3장은 비즈니스적 시각에서 바라본 중국의 모습을, 현장사례에서는 중국에서 탄탄한 팀워크로 어려움을 극복해 나갔던 이야기를 소개했다.

　이 책은 중국 사업에 관한 내용이지만 '중국 사업 성공 18법칙'의 경우는 모든 글로벌 시장 개척에 대한 이야기라고 생각한다. 글로벌 비즈니스를 계획하는 사람들에게도 도움이 될 것이다.

이 책이 나오기까지 함께 땀 흘리며 치열하게 달려왔던 주재원들과 한국 직원 그리고 중국 직원들에게 우선 감사의 말씀을 전한다. 중국 사업에 임하는 자세와 사업의 관리기법을 조언해 주신 CJ그룹 중국 본사 박근태 대표님, 책을 집필하는데 멘토 역할을 해주신 한스컨설팅 한근태 대표님, 출간을 도와주신 도서출판 행복에너지 권선복 대표님과 박순옥 작가님과 최새롬 디자인 팀장님께도 감사드린다.

책을 내도 될지 수없이 고민하던 저에게 일단 해보자고 힘을 북돋워 준 아내와 군 전역 후, 대학 방학기간에 짬을 내어 도와준 규철·규연에게도 고마움을 전한다.

더불어 책이 발간되면 제일 먼저 기쁜 마음으로 펼쳐 보실 부모님과 장인 어른께 그리고 가족 친지 지인 분들께 중국에 주재하는 동안 자주 찾아뵙지 못했던 죄송한 마음과 감사한 마음을 이 책으로 대신하고 싶다.

끝으로 모든 일정을 사전에 기획하고, 예정대로 주관하고 인도해 주신 하나님께 감사드립니다.

2017년 11월 상해에서

한광희

Ch1.

중국은
대륙이다

중국 사업
성공 18 법칙

중국시장,
아는 만큼 보인다

함께라면
할 수 있다

〈맺음말〉

※ 일러두기 : 본문에 표기된 한자는 주로 한국식 발음으로 표기했으나 중국식 발음으로
더 잘 알려진 경우는 중국식 발음으로 표기함.
예) 홍빠오(紅包, 격려금), 후하오트어(呼和浩特)

CHAPTER 1

중국은
대륙大陸이다

1

중국은 하나의 국가가 아닌 대륙이다

왜 그토록 많은 기업과 개인 사업자들이 중국에 진출하려는 것일까?

모두 중국시장의 매력 때문이다.

그러나 중국에 진출한 후 성공한 기업도 많지만 반대로 시행착오를 겪거나 적자의 수순을 거쳐 끝내는 철수까지 하는 사례도 많다.

왜 이러한 일들이 생기는 것일까?

후발업체로서 진입의 어려움이 크기 때문이다. 전 세계 유수한 Top Player, 중국 지역마다의 Big Player 간의, 그리고 상권 내의 치열한 경쟁이 결코 쉽지 않기 때문이다.

외자기업에 대한 법규제한 및 문화의 차이, 고객의 라이프스타일Life style과 니즈Needs도 많이 다르다. 그러니 다시 한 번 제대로 중국을 살펴보아야 한다.

중국에서 성공하지 못한 대기업이나 중소기업, 개인 사업자들이 사전에 사업 진출 전략과 상권분석을 대충 준비했기 때문에 실패했다고 보는가?

절대 그렇지 않다.

그렇다면 무엇이 문제이고 무엇을 놓친 것일까?

여러 이유 중 가장 큰 오류는 시작부터 중국을 하나의 단순한 국가로 보는 편협된 시각이다. 그리고 한국의 전문성, 기술력과 열정이라면 어떠한 경쟁 환경 속에서도 성공할 수 있다는 자만심 때문이다.

중국은 그냥 단순한 하나의 국가가 아니다.

중국은 대륙大陸이다.

6대주 중에 아시아주가 있기는 하지만 중국 자체를 하나의 대륙으로 보는 것이 타당하다. 마치 유럽연합공동체(EU) 내에 28개 국가가 존재하고 운영되는 것과 같다.

중국은 23개의 성省, 4개의 직할시(북경, 천진, 상해, 중경), 5개의 자치구 그리고 홍콩과 마카오 2개의 특별행정구로 이루어져 있다. 성省 하나의 평균면적이 한반도 크기만 하고 성省의 평균 인구는 남한의 인구와 비슷하다.

실제로도 중국 사람들은 중국 자체를 대륙이라고 생각한다. 홍콩과 대만 사람들 역시 중국 본토를 '대륙'이라고 부른다. 문제는 중국에 와 있는 외국인들만이 중국을 대륙이라고 보지 않고 하나의 국가로 생각한다는 점이다.

14억에 가까운 인구와, 1800년대 청淸나라 때부터 이미 전 세계 GDP의 1/3을 차지했던 부富를 가진 중국, 현재는 내수시장 자체만으로도 큰 시장이 형성되어 있고, 점차 G2국가로서 전 세계에 영향력을 과시하고 있다. 그러한 글로벌 파워Global Power는 모두 중국 대륙의 존재감과 거대함에서 출발한다.

중국은 권역별로 나누는 기준이 다양하다. 수도 북경과 천진을 포함한 화북지역, 상해를 중심으로 하는 화동지역, 화중지역, 사천성, 광동성, 동북 3성 등으로 나뉘는데, 결론적으로 말하면 중국은 하나의 국가가 아닌 적어도 4~5개 국가의 합合인 셈이다.

하나의 예로 남쪽 광동성廣東省의 광조우廣州와 가장 북단의 흑룡강성 하얼빈을 비교해 보면 중국이 단순한 하나의 국가가 아님을 알 수 있다.

우선 광동성의 광조우를 살펴보자.

광조우 인구가 대략 1,400만 명이고, 광조우를 포함한 광동성 인구가 1억1천만 명 정도다. 이 지역은 겨울에도 항상 영상의 온도를 유지하며 1년 내내 더운 편으로 9개월 이상 에어컨을 가동한다. 때문에 장강長江 이남의 남방南方지역은 집에 난방시설이 없어 겨울이 되면 추위를 많이 탄다. 당연히 침엽수도 자라지 않는다. 한국에서 귀하게 대접받는 잣나무도 없다.

한때 이 지역의 광동화(廣東話, 광동어)가 중국의 표준어인 보통화普通話가 될 뻔한 적도 있었다. 그만큼 이 지역 사람들은 자신들의 언어에 자긍심을 갖고 있으며, 지금도 보통화와 더불어 광동화만으로도 경제, 문화 등 모든 생활을 영위해 간다.

광동성 지역은 대외 개방정책을 본격화하면서 1978년 지정한 경제특구 4대 도시(광동성 심천, 주해, 동관/복건성 산토우) 중 3개 도시가 위치해 있고, 일찍부터 홍콩과 교역·교류해 중국 역내에서 가장 부유한 지역 중 하나이다. 산과 들, 바다 등에서 나는 온갖 식재료의 광동요리로도 유명하고 다양한 국제전시회도 매년 성황리에 개최되고 있으며, 광조우에서는 2010년 아시안게임을 치르기도 했다.

그렇다면 흑룡강성의 하얼빈은 어떨까?

광동지역과 달리 냉한대 시베리아 대륙에서 불어오는 찬바람 때문에 겨울이 매우 추운 지역으로 겨울에는 영하 25도 이하로 1개월 이상 유지되는 곳이다. 그래서인지 술도 38도가 아닌 52도의 센 백주白酒를 즐겨 마신다.

한 겨울에는 오후 4시만 되어도 어두워지는데, 사람들은 그때부터 식당에 모여 저녁식사를 시작한다. 대중교통인 지하철도 겨울에는 밤 9시 30분경이면 끊긴다. 큰 폭설이 내리면 2~3일 교통이 마비되는 것은 예삿일이다.

그러면 여름에는 시원할까? 그렇지도 않다. 이상 기온의 영향으로 하얼빈 여름날씨도 점점 더워져 최근에는 30~35℃의 기온이 거의 1개월 이상 유지된다고 한다.

언젠가 피서지로 유명한 최남단의 해남도海南島 산야三亜지역에 간 적이 있었다. 거기서 일하던 직원 중에는 하얼빈에서 온 사람이 있었는데, 그는 하얼빈이 너무 추워 1년 내내 일할 수 있는 산야가 너무 좋다고 말했다. 하얼빈에서 산야까지는 비행기로 무려 5시간 이상 걸린다.

하얼빈 사람들은 광동성 사람들보다 평균 키도 8~10cm 이상 크고 골격도 장대하며 성격이 급하고 외향적이다.

이렇게 중국의 남북南北인 광조우와 하얼빈을 조금만 비교해 보아도 그 차이가 얼마나 큰지를 알 수 있다. 이처럼 중국은 단순한 국가라기보다 그 자체로 하나의 대륙인 것이다.

만약 광조우와 하얼빈에서 어떤 사업을 동시에 전개한다고 생각해 보라.

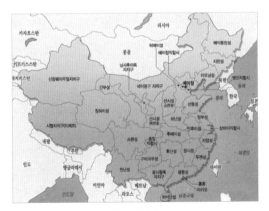

〈중국 지도〉

물론 진출 지역의 우선순위와 확대전략을 다르게 준비하겠지만 GDP, 경제 수준, 기후, 인구, 수용성, 식문화 등이 완전히 다르기 때문에 다른 국가의 전략을 준비하듯 광조우와 하얼빈 두 지역의 사업전략을 짜야 하는 것이다.

현재 광조우와 하얼빈에는 패밀리마트 편의점과 스타벅스 커피숍이 어디에 얼마나 분포하고, 얼마나 성행하고 있을까? 편의점은 편의성과 밤 문화를 대변하고 커피숍은 주로 트렌드Trend를 선도하는 사람들이 모인다. 실제 2017년 10월 기준 스타벅스는 광조우에 115개, 하얼빈에 16개 정도가 운영되고 있어 광조우에 편중된 것을 볼 수 있다. 편의점도 비슷한 양상을 보일 것이다. 왜냐하면 광조우와 하얼빈은 완전히 다른 나라이기 때문이다.

2

냉동코너의
악어고기

중국에서는 기존 상식으로는 설명하기 어려운 일들이 많다. 때문에 상식적으로 모든 것을 판단하기에는 무리가 있다. 중국을 이해하기 위해서는 사고의 폭을 넓히고 틀을 깨야 한다.

몇 개의 사례를 들어보겠다.

중국에는 한여름 복(伏)날이 있을까?

정답은 '복날이 있기도 하고 없기도 하다'이다.

한국은 국토 면적이 넓지 않고 사계절이 뚜렷해 여름에는 무척 덥고 겨울에는 제법 춥다. 그래서 여름을 이겨내기 위해 특히 삼복더위에는 삼계탕과 같은 복날 음식을 먹는다.

하지만 중국은 넓디넓다. 지역마다 기후 편차가 심하다.

동북지역과 내몽고 지역은 여름에도 조석朝夕으로 시원한 편이다. 그러나 최근에는 기후가 변해 이 지역도 여름에 30도를 훌쩍 넘기기도 한다.

남쪽의 광동성은 겨울에도 영하의 날씨가 없고, 남단 해남도는 1년 내내 더위를 피하려는 피서객들로 넘쳐난다.

한마디로 중국 전역은 기후가 달라 동시에 한여름의 폭염을 겪지 않는다. 때문에 지역별로 복날에 교자, 면, 계란전병 등을 먹는 풍습이 전해지지만 관습상 복날이라고 아는 정도지 한국처럼 전국적으로 복날 보양식을 먹는 풍습은 없다.

상해는 11월과 3월에 두 번 낙엽이 진다.

한국은 10월 말부터 11월이 되면 침엽수를 제외한 모든 나무들이 겨울을 준비하기 위해 낙엽을 떨군다. 물론 오색 단풍으로 사람들 눈을 즐겁게 한 뒤의 일이다.

그러나 상해는 그렇지 않다. 상해는 제주도보다 위도상 한참 아래에 위치한 지역이다.

이 지역 나무들은 희한하게도 겨울이면 낙엽이 지는 나무들과 그렇지 않은 나무들이 함께 군락을 이루며 자란다. 한겨울 거리에 나가면 한쪽 편 가로수는 모두 낙엽이 진 휑한 나뭇가지들만 보이는데 다른 편 가로수는 잎사귀가 그대로 붙어있는 모습을 볼 수 있다. 그 모습은 참

〈한쪽은 앙상하고 한쪽은 잎이 무성한 가로수〉

으로 신기하다. 그런데 이런 잎사귀가 붙어있는 나무들도 봄이 되면 새로운 잎들이 다시 돋아나는데, 3월이나 4월이 되면 동시에 맞추기라도 한 듯 기존의 나뭇잎들을 떨어뜨리는 것이다. 우리나라 같으면 새싹이 돋아나는 봄에 낙엽이 지는 것이다.

이러한 낙엽현상은 3월부터, 4월, 5월까지도 계속 볼 수 있다. 이 때문에 도로 보수원들은 거의 1년의 반 이상 낙엽 치우는 수고로움을 치러야 한다.

또한 까르푸Carrefour 같은 대형 할인매장에 가면 매우 다양한 제품 진열을 볼 수 있다.

과일, 곡류, 생선, 육류, 주류, 공산품까지 그 종류와 진열 면적은 상상을 초월한다.

가장 큰 매대 중 하나가 주류 코너와 식용유 코너인데 식용유는 주로 5L 대용량이 판매된다. 중국 음식에는 기름을 사용하는 요리가 많아 일반 가정에서도 5L 식용유를 1개월에 한 통을 사용한다고 한다. 아직 냉장코너와 캔류, 그리고 시식코너가 상대적으로 협소하긴 하지만 전체적으로 보면 한국의 2~3배 이상의 상품이 진열되어 있다.

가격할인도 1+1, 2+1세일Sale 판촉은 흔하고 하나를 사면 제값이지만 두 개를 구입하면 50%를 할인하는 형태의 다양한 판촉도 볼 수 있다.

학생들을 위한 문구류와 도서코너의 규모와 종류도 한국 할인매장 못지않게 진열되어 있고 자전거를 포함한 스포츠용품, 심지어 오토바이까지 판매하고 있다. 게다가 광동성 광조우 지역의 회원제 할인매장인 메트로Metro에 가면 냉동코너에 악어고기도 부위별로 판매한다.

〈까르푸 내 오토바이 판매코너〉

〈까르푸 내 두 개 구입 시
50% 할인 판촉 행사〉

〈까르푸 내 학생용품 코너〉

〈메트로 내 악어고기 판매코너〉

까르푸나 메트로 같은 할인매장들이 이유 없이 제품을 진열해 놓지는 않았을 터, 다양한 고객의 니즈Needs가 있기에 제품이 진열되어 있는 게 아니겠는가. 5L 대용량 식용유, 오토바이, 악어고기 같은 다양한 고객의 수요가 있고 또 실제로 팔리기 때문에 그러한 판매코너도 지속되는 것이다.

기후와 풍습이 다른 한여름 복伏날의 개념, 낙엽이 두 번 지는 가로수 모습, 오토바이와 악어고기 등을 판매하는 할인매장, 이러한 것들은 중국이 하나의 대륙이기에 기존의 사고와 경험만으로는 이해하기 쉽지 않다는 것을 보여주는 사례들이라 하겠다.

3

중국의 계층구조는
복합 피라미드형

어느 나라나 지역을 보더라도 경제능력에 따른 사회 계층구조는 자연스럽게 피라미드 형태를 이룬다. 그렇다면 중국은 과연 어떨까?

결론부터 말하면 '복합 피라미드형 구조'의 모습을 띤다.

여기서 말하는 복합 피라미드형 구조란 그럼 어떤 구조일까?

일반적인 피라미드 구조가 삼각뿔 형태로 이루어졌다면 복합 피라미드형은 기존 피라미드보다 밑면이 2배 이상 길고 윗부분의 꼭지점 근처에서 다시 뾰족한 탑이 생기는 구조라고 할 수 있다.

중국의 일반 서민들은 다양한 직업을 가지면서 일반 피라미드보다 2배 이상 넓고 두껍게 계층을 형성한다. 예를 들면, 한국 등 다른 나라에 거의 없거나 아주 적은 계층인 건설보조 농민공, 배달 전문직, 가정

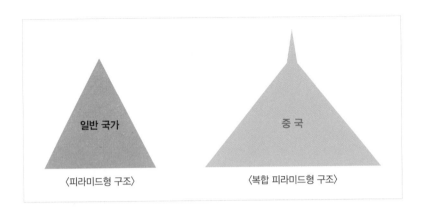

〈피라미드형 구조〉 〈복합 피라미드형 구조〉

보조원, 마사지 종업원, 보안 경비원 등이 2배 길어진 피라미드 밑면에 위치한다.

윗면 상류층으로 올라가면 일반적인 상류층 위에 최상류층이 새로운 피라미드 형태를 이룬다. 이러한 최상류층이 중국 전체 인구 14억의 3% 정도만 된다 해도 4천만 명이니 대한민국 인구가 5천만 명인 것을 감안하면 그 스케일이 어느 정도인지 짐작이 갈 것이다.

북경에서는 환경오염을 줄이고 교통체증을 해소하기 위해 2008년 올림픽 때부터 주 5일제 차량통제를 지속적으로 실시해오고 있다. 주말에는 차량통제가 없지만 평일에는 예를 들면, 월요일은 차량 끝자리 1번과 6번의 차량을 통제하는 형태로, 3개월 단위로 끝자리 통제날짜를 조정하며 운영하고 있다.

그런데 차량 5부제를 실시해도 생각만큼 차량이 크게 줄지 않는다는데 북경 교통당국의 고민이 있다.

차량 감소 효과가 적은 이유는 부유층들이 차량 번호 끝자리가 다른 2대 이상의 차를 소유하는 경우가 지속적으로 늘고 있기 때문이다. 그 때문에 자동차 회사들만 시장규모 이상의 좋은 실적을 내는 호황을 누리기도 한다.

한국의 기업인이나 개인 사업자, 유학생, 여행객들은 중국 사람들을 접할 때 그들이 과연 복합 피라미드형 계층구조에서 어느 부분에 위치하는지를 먼저 살펴야 한다. 아울러 일부 계층을 만나고 나서 중국 전체를 판단하고 평가하는 오류도 범하지 말아야 한다.

중국에서 직원들을 채용할 때도 마찬가지다. 직원 채용의 주요 기준은 능력과 실행력이겠지만 그들이 복합 피라미드형 인력구조 속에서 어느 위치의 인력인지 면밀히 분석해 볼 필요가 있다.

4

규모와 시간 개념이
다르다

　중국을 처음 방문하거나 여행한 사람들이 중국을 제일 많이 아는 것처럼 소개한다는 얘기가 있다. 반면 중국의 수많은 지역을 가보고 다양한 체험을 해본 오랜 경험자들은 오히려 말수가 적어진다고 한다. 왜 그럴까?

　14억 인구가 사는 광활한 중국에서는 듣도 보도 못했던 일, 생각지도 못한 일들이 자주 일어나다 보니 살면 살수록 중국을 더 이해하기 어려워지기 때문이다. "중국은 과연 어떤 나라인가?"라는 질문을 스스로 하게 되면서 자신이 알았던 중국이 전부가 아니라는 사실을 알게 되고, 시간이 지날수록 모르는 게 더 많다는 것을 깨닫는 것이다.

〈중국의 신분증〉

중국에는 한국과 다른 여러 가지가 있다.

먼저 규모, 숫자, 생각의 크기가 한국인들과 상당한 차이가 있다.

예를 들자면 한국의 신분증인 주민등록증에는 13자리의 주민번호가 있다. 그렇다면 중국 신분증의 숫자는 몇 자리로 되어 있을까?

무려 18개의 숫자로 되어있고 56개 민족 중 어느 민족인지도 표시가 되어있다. 본인 신분증이라고 하지만 머리가 좋지 않으면 외우기 힘들지도 모르겠다.

또한 중국은 중화민국의 위대한 꿈을 실현시킨다는 목적 아래 사회주의 핵심가치관을 마련해 주입시키고 있는데, 전 국민을 대상으로 하는 중국의 핵심가치관도 12개로 구성되어 있다. 다섯 개도 열 개도 아닌 12개의 가치관이란다. 제대로 외울 수는 있을지 의문이다.

12개의 가치관들은 지면이나 비행기 내 공익광고, 아파트, 버스 정거장, 공사장 외부 펜스 등 어디에서든 쉽게 접할 수 있다.

〈 핵심 12개 가치관 〉

"부강富強, 민주民主, 문명文明⋯."

모든 제품의 속성을 나타내는 바코드Bar code는 전 세계 공용으로 모두 13자리 숫자로 되어있다. 그중 앞의 3자리 숫자는 국가를 나타내는데 한국을 나타내는 숫자는 '880' 하나다.

중국은 어떠할까?

'690, 691, 692, 693, 694, 695' 무려 여섯 가지이다.

어떤 이유로 국가를 표시하는 숫자가 이렇게 많은지 궁금해지는 대목이기도 하다.

88 서울올림픽의 공식 마스코트는 호돌이였다. 그처럼 2008년 북경올림픽의 마스코트는 '푸와'였는데, 서울올림픽에서는 마스코트가 호돌이 하나였지만 북경올림픽에서는 '푸와'가 다섯 종류였다. '베이베이, 징징, 환환, 잉잉, 니니'가 그것이다. 중국에서 중첩된 발음은 아이에 대한 애칭으로 사랑스러움을 나타내는 전통방식이다. 이들의 이름을 한 글자씩 이어 부르면 "베이징환잉니北京欢迎你" 즉 "북경에 오신 것을 환영합니다"라는 뜻이 된다.

아마도 하나의 마스코트로는 많이 부족했던 모양이다.

중국의 고속기차역에 혹시 가본 적이 있는가? 북경과 상해를 포함해 각 성의 성도에 있는 고속기차역의 규모를 보면 정말 어마어마하다.

명절 때면 이 거대한 기차역과 대합실이 발 디딜 틈도 없이 꽉 찬다. 지금도 모든 도시별로 고속기차역을 추가로 신설하거나 증설하고 있다.

〈상해 고속기차역 대합실〉

기차역 못지않게 공항도 대단하다. 일찌감치 비행기가 국내의 교통편으로 크게 자리 잡았기 때문이다. 북경, 상해, 광주 등 큰 공항은 국내 탑승구(Gate)만도 무려 50개가 넘는다. 항공기를 이용하는 사람들을 위한 항공산업 비즈니스도 더불어 성장했다.

남방항공, CA(China Airline), 동방항공 주력 3사를 포함해 전국에 20여 개 이상의 항공사가 있다.

중국의 스케일을 짐작하게 하는 이러한 사례들은 조금만 관심을 가지면 어디서든 쉽게 찾아 볼 수 있다.

시간과 거리의 개념도 마찬가지다.

북경에 있을 때 내몽고가 고향인 직원이 있었다. 내몽고까지 얼마나 걸리는지 물었더니 "그렇게 멀지 않아요"라고 답했다. 그런데 멀지 않다는 거리가 기차로 6~7시간 정도였다.

연길이 고향인 조선족 교포에게 춘절(春节, 설날)에 고향에 잘 다녀왔느냐고 물었더니 "운전하느라 고생만 진탕하고 왔다"고 한다. 두 살배기 어린 아이를 데리고 직접 운전해서 백두산 근처에 위치한 연변 연길까지 다녀온 것이다. 무려 왕복 3,500km를 운전했다고 한다.

서울에서 부산까지의 거리가 477km라고 하니 왕복으로 따지면 서울에서 부산까지 세 번 반을 왕복하는 거리다. 서울에서 부산까지 한 번 왕복하는 것만도 힘든데 세 번 이상을 왕복한다고 생각해보라. 그 거리가 실감나는가?

주말에 북경 자금성에 갔더니 피켓을 든 단체 중국인 관광객들이 의외로 많았다. 그래서 직원에게 물었다.

"중국 전국에서 자금성 와 본 사람들이 얼마나 될까?"

그랬더니 직원의 답변은 좀 엉뚱했다.

"아마 바다를 못 본 내륙 사람들이 더 많을지도 모릅니다."

자금성을 못 본 사람도 많지만 바다를 못 본 사람이 더 많다는 뜻일 것이다. 대륙의 안쪽에 사는 이들은 실제로 바다를 못 볼 수도 있겠다는 생각이 들었다.

중국 정부는 18세기 말 청나라 때 영국에 할양했던 홍콩을 100년이 지난 1997년 다시 돌려받았다. 정치적 문제는 미묘해서 의도적으로 질문을 잘 안 하는 편인데 우연치 않게 중국 손님과의 저녁 식사자리에서 물었다.

"홍콩 반환에 대해 어떻게 생각하시나요?"

돌아온 답은 "100년이 지나 이제 다시 돌려받았으면 잘 된 것 아닌가요?"였다.

한국 사람이라면 과연 이러한 대답이 나올 수 있을까? 아마도 100년 동안 빼앗겼다는 사실에 울분을 참지 못했을 것이다.

'사고의 크기'에 대해서도 한번 생각해볼 필요가 있다.

한국과 중국과의 직항 비행시간은 지역별로 차이가 나지만 보통 2~3시간 정도다. 그리 먼 거리가 아니다.

5시간 이상의 장거리 출장이나 해외여행을 갔을 때, 비행기 내에서 승무원이 "이제 한 시간 지나면 도착한다"고 안내멘트를 하면 왠지 다 온 것 같지 않던가? 좌석 앞 화면의 항공지도에서 1천km 정도 남았다는 표시를 보았을 때도 거의 다 온 것 같은 착각이 든다.

중국에 살면서 나의 시간과 거리의 개념이 많이 달라졌다.

일전에 안후이성安徽省 우후라는 곳으로 출장을 갔다. 출장에서 밤에 돌아오던 중 초행길이던 기사가 길을 잃었다. 돌고 돌면 또 그 자리였다. 고속도로를 한 번 잘못타면 정반대 방향으로 갈 수 있어 (GPS정보가 최신 버전이 아니었음) 출장 갔던 여러 사람들이 밤에 마음을 졸이며 한 시간 이상을 헤매었다. 그러다가 기사와 거의 동시에 상해로 가는 이정표를 찾았다.

"상해 방향 190km"

그 이정표를 보니 왠지 마음이 푸근해지며 상해에 거의 다 왔다는 생각마저 들었다. 그러나 실제 집에 도착한 시간은 새벽 2시로 이정표를 찾은 후 거의 3시간이 지나서였다.

중국 주재원이라면 아마도 이런 일들을 한두 번쯤은 다 경험했을 것이고 중국에 오래 살았다면 더 다양한 경험들이 있을 것이다.

지금까지 몇 가지 사례와 에피소드를 살펴보았다.

중국에서 사업에 성공하려면 해당 산업과 업태에 관련된 '숫자와 시간에 대한 개념'을 나름대로 재정의하는 것이 반드시 필요하다. 대륙적인 사고를 받아들여 시행착오를 줄여가는 과정이 사업을 제대로 성공시키는 길이 아닐까 생각한다.

5

올림픽은 지역행사,
전국체전은 국가행사?

한국을 방문했던 중국 사람들은 가끔씩 한국은 수도 서울 말고 또 어디가 유명하냐고 묻는다. 그 질문은 한국에는 서울밖에 다른 큰 도시가 없는 것 아니냐는 비꼼으로 들리곤 한다.

그렇다. 중국은 각 성省마다 성도省都가 있고 서울 또는 서울 역할을 하는 규모의 1선급, 2선급의 대도시가 전국 곳곳에 매우 많다.

중국에 주재하는 동안 G20 정상회의를 포함해 올림픽, EXPO, 아시안게임 등 굵직굵직한 행사들을 많이 보았다.

2008년 북경 올림픽, 2010년 상해 EXPO, 광조우 아시안게임은 전 세계의 주목을 끌었고, 이러한 큰 행사는 중국 자체로서도 모든 인프라 차원에서 크게 성장하는 동력이 된 것이 사실이다.

2008년 북경 올림픽 당시에는 북경, 청도, 심양 등 올림픽이 치러지는 모든 지역의 도로 간판을 새롭게 정비했다.

북경 택시기사에게는 노란 셔츠의 옷이 지급되기도 했다.

상해 EXPO 때에는 행사 직전까지 도로에 정원을 가꾸는 작업이 이루어졌고, EXPO 전용 진입택시가 등장했으며, 광조우 아시안게임 때에는 오토바이의 도로 운행을 제한하기도 했다.

88 서울 올림픽을 성공리에 개최했고, 2018년 평창 동계올림픽을 준비 중에 있는 한국이 올림픽 이후 전 세계에 위상을 높이고 내부 인프라를 크게 발전시켰듯이 중국 역시 거대 행사를 통해 성장의 발판을 마련했다.

그런데 중국에서 올림픽, EXPO, 아시안게임, 동계올림픽을 지켜보면서 묘한 생각이 들었다. 북경 올핌픽은 북경에서만, 상해 EXPO는 상해에서만, 광조우 아시안게임은 광조우에서만, 동계올림픽은 동북3성 등 그 해당 지역에서만 열정적으로 응원하며 관심을 갖고 지켜본다는 것이다. 즉 다른 지역의 행사지만 마치 다른 나라에서 치러지는 행사처럼 생각되는 것이다.

물론 중국을 응원하는 민족주의자 및 네티즌들의 열성은 대단하지만 한국과 비교해 보면 실제 열기에는 많은 차이가 있었다.

수많은 국가 원수, 총통, 총리들이 참석했던 2008년 북경 올림픽, 그리고 6개월간의 EXPO 기간 동안 참관목표 7천만 명을 초과했던 2010년 상해 EXPO 등이 중국 전체의 행사가 아니라 그 해당지역인 북경과 상해에서만 치러진 행사였다는 느낌을 지울 수가 없었다.

중국의 전국체전이 4년마다 열리면 실제 올림픽 유치기간 때보다 전국에서 모여드는 선수단과 스탭, 응원단 등의 규모가 훨씬 크다고 한다. 국내 행사가 국제적 행사보다 규모가 크다는 것은 중국이기에 가능한 이야기일 것이다.

여기서 또 한 번 중국이 하나의 대륙이라는 사실을 확인한 셈이다.

한국에서 출장 나온 분들에게 "중국 어디를 가 보았느냐?"고 가끔 물어보곤 한다. 그러면 대부분 북경과 상해지역을 먼저 말하고 그 외 몇 개 지역이 추가되는 정도다. 그렇다면 정해진 짧은 기간 동안 몇 개의 도시를 다녀왔다는 것만으로 중국을 제대로 안다고 할 수 있을까? 유럽 대륙에서 영국과 프랑스만 다녀왔다면 독일과 이탈리아를 이해할 수는 없을 것이다.

그만큼 중국 대륙은 거대하고 넓어 중국에 살면 살수록 과연 내가 중국을 제대로 알고 있는 것인지 자꾸 자문하게 된다.

6

인민폐에서
발견한 중국

중국에서 통용되는 화폐인 인민폐(人民幣, 2017년 6월 말 기준, 인민폐 1위안

元은 한화 168원에 해당)를 유심히 본적이 있는가?

중국에 통용되는 인민폐는 100위안元, 50, 20, 10, 5, 1위안이 있고

1위안 아래 마오(지아오, 角)라는 단위가 있다. 아직 한국의 5만 원권 상

당의 고액권은 없지만 홍콩 달러의 고액권에 1,000위안짜리가 있으니

향후 중국에도 고액권이 생겨날 법도 하다.

인민폐를 유심히 살펴보면, 100위안부터 1위안까지 모든 화폐의 앞

면에는 신격화되고 있는 모택동 주석의 사진이 공통으로 들어있고 뒷

면에는 각 화폐단위마다 다른 사진들이 나와 있다.

예를 들면 20위안권에는 한국 관광객들이 자주 가는 계림桂林 사진

〈인민폐 앞뒤 사진 100원과 인민폐 소액권 1마오/5마오〉

이 들어있다.

그런데 뒷면 우측 상단을 보면 여러 글자가 함께 표기되어 있는 것을 볼 수 있다. 무려 5개 문자로 소개되어 있다.

맨 위에는 중국인민은행 ZHONGGUO RENMIN YINHANG이라고 쓰여 있고, 만주어, 몽골어, 티베트어, 위구르어 등 5개 언어로 표현되어 있다. 인민폐에 소수 민족의 언어를 표시한 것이다.

중국이 56민족을 아우르기 위해 그들의 사상과 문화를 존중하고 포용하는 모습이 실생활에도 적용되고 있다는 사실에 놀라울 따름이다.

뿐만 아니라 1지아오(角, 한화 17원), 5지아오의 소액에는 모택동 주석 대신에 소수 민족 사진이 들어있다.

중국에는 56개 민족 중에 92%를 차지하는 한족漢族을 제외하면 55개의 소수 민족이 있는데 그중 만주족이 1,000만여 명, 조선족이 190만여 명이고, 1만 명이 채 안 되는 소수 민족도 4개나 존재한다.

'인민폐'를 군이 소개하는 이유는 화폐 안에도 중국을 나타내는 여러 의미가 숨어있다는 것을 말하기 위해서다. 중국에 대해 알게 되면 화폐 하나를 보더라도 다양한 중국의 모습을 볼 수 있다.

보는 사람의 시각의 깊이가 어느 정도냐에 따라 중국의 실체를 파악하는 정도는 당연히 차이가 날 수밖에 없는 것이다.

7

시장점유율(MS:Market Share) 10%, 두 자릿수의 의미

중국의 마켓 사이즈와 기업들을 살펴보면서 중국과 한국의 시장점유율을 비교해보고 싶어졌다.

한국 기업의 경우 어떤 업종이든 경쟁관계가 치열하고 대부분 3~5개의 주력 경쟁사를 가진다. 휴대폰, 자동차, 유아복, 영화관, 홈쇼핑, 음료회사, 식품회사, 치킨점, 커피숍 등 모든 업종이 그러하다.

그렇다면 중국은 어떨까?

중국에는 이미 글로벌 500대 기업 대부분이 진출해 있다. 그들이 사업장과 연구소를 마련해놓고 본격적으로 사업을 하고 있다는 것은 모두가 알고 있는 사실이다. 이들 기업은 편의상 글로벌 Top player라고 표현된다.

한편 중국의 각 성省마다에는 각종 세제 혜택과 보조금 지원을 받는 지역강호의 로컬Local기업들이 또한 존재한다. 이들 기업은 Big player 라고 표현된다.

중국은 자연스레 이러한 Top player와 Big player들이 공존하게 되는데, 각 업종별 생태계 내에 존재하는 경쟁구조는 주력 경쟁사만 보더라도 최소 10~20개 정도의 경쟁사를 가지게 된다.

업종별 경쟁구조에서도 상상을 초월하는 규모의 투자와 마케팅 활동이 이루어지고 있다. 빠른 속도전과 긴 호흡의 인내력이 요구되는 장기전까지 모두 포함해서 말이다.

이러한 중국의 제반 여건과 시장상황을 종합해 볼 때 중국 대륙 전체 시장을 대상으로 시장점유율 10% 이상의 두 자릿수를 차지한다는 것이 무엇을 의미하겠는가?

전국 대상 시장점유율 10% 이상이라는 말은 다름 아닌 Top-3의 위상을 의미하고, 어떤 경우에는 10%대 두 자리 시장점유율로 전국 1위를 차지하기도 한다. 자동차, 휴대폰, 영화관, 식품회사 등 어떠한 업종이라도 이에서 크게 벗어나지는 않는다.

중국 전국 대상 시장점유율이 2%라면 아마도 한국에서 시장점유율 10~15% 정도의 위상이라고 보면 된다.

그렇기 때문에 중국 전국 단위로 볼 때 시장점유율 1%를 상승시키기 위해서는 그만큼 세심한 준비와 치열한 노력이 수반되어야 함을 의미한다.

1단계 지역별 사업진출전략이 수립되어 있다면 궁극적으로 시장점유율 10%, 두 자릿수 전략을 반드시 수립해야 할 것이다.

이제 중국에서 시장점유율 10%, 두 자리 숫자가 의미하는 위상이 어느 정도인지 이해되었으리라 본다.

8

도로명은 중산로中山路, 결제決濟는 알리페이Alipay가 대세

중국에 12년간 근무하며 100여 개 이상의 대도시에 직접 출장 가보고 그 지역의 특성을 파악할 수 있었던 것은 매우 큰 경험이었다.

중국의 수도는 북경北京이지만 각 성省에도 성의 수도인 성도省都가 있다.

북경은 계획도시이면서 군사도시이기도 하다. 도로는 중심에 있는 자금성을 기준으로 환環 형태로 되어 있는데, 2환, 3환, 4환, 5환으로 도심 고속도로가 형성되다가 지금은 외곽 6환까지 생겨났다.

한번은 환 형태의 도로를 운전하다보면 다시 제자리로 돌아올까 싶어 주말에 직접 완주했던 기억도 있다. 그때 기억을 더듬어 보면 4환은 69km, 5환은 101km였던 것 같다. 6환도 시도하려 했으나 하지 못했다.

소문에 의하면 6환은 250km 이상 된다고 하니 운전하는 시간만 해도 족히 2시간 30분 이상은 걸릴 것이다.

한국에서 경인고속도로, 경부고속도로가 서울을 중심으로 뻗어나가듯 중국에서는 북경에서 전역으로 고속도로가 뻗어나간다.

북경에서 천진까지의 경천고속도로, 북경에서 흑룡강성 하얼빈까지의 경하고속도로, 북경에서 최북서쪽 신장까지의 경신고속도로 등이 있다.

북경에 가면 이러한 고속도로들의 이정표를 볼 수 있는데 내 기억이 맞다면 그런 이정표는 처음부터 있었던 것이 아니라 2008년 북경올림픽을 치르면서 고속도로명을 정비했기 때문에 생겨난 것이다.

북경에서 신장의 성도省都 우루무치까지 비행기로 갔더니 4시간이 소요되었다. 실제 북경에서 신장까지의 경신京新고속도로 총 길이는 2,582km라고 하니 경신고속도로의 길이는 쉽게 상상하기 어려울 정도다.

그럼 이제 북경이 아닌 각 성省의 성도省都로 가보자.

어느 도시든 시내를 동서남북 구간별로 나누는 도로명이 있게 마련인데 중국의 도로명이 재미있다.

경제 감각이 뛰어난 상해는 전국 성도省都와 주요 도시명을 도로명에 모두 사용하고 있다.

대도시에 흔히 사용되는 도로명은 중산로, 인민로, 청년로, 북경로

등인데 제일 많은 도로명이면서 어디를 가도 볼 수 있는 도로명은 아마도 중산로中山路일 것이다.

이 중산로中山路의 '중산中山'이 삼민주의三民主義로 잘 알려진 중화민국의 창설자 손문孫文의 호號다. 통상 손중산孫中山으로도 많이 표현되기도 한다.

각 도시별로 도로명을 정할 때 고위공직자 중 누군가 "그래도 중산로가 있어야 되지 않겠느냐?"고 목소리를 높이지 않았을까 혼자 상상해본다.

도로명의 작명作名은 중요한데 중산로라는 도로명을 보면 그들에게서 배우고 싶은 한 가지가 떠오른다. 신해혁명을 일으키고 중화민국의 사상적 기반을 닦은 역사적 인물을 일상에서 사랑하고 기억하려는 그들의 노력이다.

이번에는 유통과 연결된 결제시스템은 어떤지 알아보자.

예상과 달리 중국은 오히려 한국보다 결제시스템의 사용범위와 실용성이 더 넓다.

요우커游客들의 한국방문이 늘어나면서 한때 명동 점포들에서 모두 유니언페이(은련銀聯 카드)가 통용되기도 했지만 지금 중국은 알리바바그룹 산하의 알리페이Alipay(즈부빠오支付宝)와 위쳇페이(Wechat,微信支付)가 핸드폰결제 전체의 80% 이상을 차지하며 결제시스템의 쌍두마차를 이루고 있다. 최근 들어서는 위쳇페이가 더 강세를 보이고 있다.

알리페이와 위챗페이의 사용범위는 현금결제와 은행 간 계좌이체 및 매장, 식당, 택시, 편의점, 카페 등 기본 결제 수단의 범위를 넘어 재래시장이나 포장마차에서도, 심지어 2위안元(한화 330원)하는 길거리 호떡 값을 치르는 데까지 사용된다.

　　한국에서는 적은 금액을 카드로 결제하는 것을 반가워하지 않는다. 하지만 중국에서는 금액의 많고 적음을 떠나 자연스럽게 이러한 결제 시스템이 운용되고 있으며 지금도 그 사용범위가 계속해서 확대되고 있다. 최근에는 카페나 식당에서 현금거래 없이 알리페이나 위챗페이

〈포장마차 알리페이, 위챗페이 활용 모습〉

〈새벽장터 위챗페이 활용 모습〉

만으로 운영되는 곳도 생기는 추세이다. 그렇게 되면 주문할 때 이미 결제가 끝나기 때문에 카운터가 필요 없어진다.

때문에 지역은 광활하지만 이러한 결제시스템으로 커버Cover가 되면서 상호간 결제부분은 전혀 문제가 없게 되는 것이다. 오히려 명절(설날, 어린이날 6/1, 광군절11/11)이 되면 동시에 결제된 물건을 물류배송이 따라가지 못해 물류나 택배회사들이 애를 먹는다.

앞으로 알리페이나 위쳇페이의 사용범위가 어디까지 확대될지 궁금해지는데 사업을 할 경우 이러한 유통결제의 트렌드Trend를 반드시 주의 깊게 참고해야 할 것이다.

10여 년 전만 해도 홈쇼핑 물건을 결제할 때 현금을 사과박스로 담아왔다는 얘기를 생각해보면 격세지감隔世之感을 느낀다.

9

상해
실용주의를 보며

상해는 국제적인 경제도시이자 금융과 무역의 도시다. 외국 글로벌 기업의 지사도 거의 다 들어와 있고 비즈니스와 관광객으로 들어온 외국인들도 어디서나 쉽게 찾아볼 수 있다.

보통 상해에서 사업에 성공하면 그 자신감으로 어디에서든 사업을 확대해 나갈 수 있다고 한다. 그 이유는 상해에서의 모든 사업은 비싼 임대료를 바탕으로 다수의 강한 경쟁자들과 치열한 싸움에서 이겨야 하는 것이기 때문에 그 속에서 성공했다는 것은 큰 의미를 가지기 때문이다.

상해 면적은 서울의 10배이고 인구는 2,400만 명 정도이다. 상해 사람들끼리는 상해말을 사용하며 상해가 고향인 것에 자부심을 가지고 있다.

그렇다면 상해의 합리적인 실용주의에 대해 들어본 적이 있는가?

여기서 몇 가지 사례를 소개할까 하는데 이러한 사례들은 매우 계산적이고 상업적 감각이 뛰어난 상해 사람들이기에 가능한 일이라고 생각한다.

'상해'하면 동서를 가로질러 흐르는 황포강黃浦江을 빼놓을 수 없다.

황포강 서쪽을 포서浦西, 황포강 동쪽을 포동浦東이라 명하는데 실제 황포강이 구불구불 휘어져 있어 정확한 동서東西의 개념은 아니다.

포서 지역은 예전부터 지금까지 도심지 역할을 했고 포동 지역은 공항과 루가주 지역을 개발하는 등 빠르게 성장하고 있는 지역이다.

강폭이 1km가 채 안 되는 황포강에는 유람선과 관광여객선을 비롯해 거대한 화물선들이 수없이 지나다닌다. 황포강은 옛날부터 물류의 통로 역할로 활용되어 왔다고 하는데 쉴 새 없이 지나다니는 화물선들을 보면 놀라움을 금할 수 없다. 이러한 모습은 관광객에게는 또 하나의 좋은 구경거리가 된다. 서울 한강을 이처럼 할 수 없을까 고민해 보게 되는 대목이다.

황포강의 서쪽은 흔히 와이탄이라 불리는 지역으로 예전 서양 열강들에게 조차당해 지어졌던 건물들이 이제는 모두 복권되어 중국 국기인 오성홍기五星紅旗를 높이 달고 관광명소로서의 역할을 톡톡히 하고 있다. 역사의 산 현장을 관광명소로 활용하고 있는 것이다.

황포강 동쪽은 동방명주東方明珠타워와 최근에 건설된 상해타워(632m,

세계2위 고충건물) 등으로 계속해서 스카이라인Sky line을 변화시키며 휘황찬란한 야경을 선사하고 있다.

황포강을 횡단하는 지하차도와 대교大橋들도 십여 개 되는데 그 중 가장 규모가 큰 남포대교南浦大橋가 재미있다.

포동과 포서 지역의 해발차가 30여 미터가 나 다리를 수평으로 연결하기가 결코 쉽지 않았을 것이다. 그런데 그들은 두 지역을 수평의 다리로 연결하고, 남포대교와 해발고도가 낮은 포서 지역과의 높이 차이를 비스듬한 원형의 도로로 연결해 놓았다. 차를 타보면 해발이 높은 포동 지역에서 수평으로 다리를 건너와서 비스듬한 원형 도로를 크게 두 바퀴 돌다보면 포서 지역으로 자연스럽게 들어오게 된다.

그러한 발상이 재미있고 신선한 충격으로 다가왔다.

〈상해 남포대교〉

앞서 말했듯이 상해 인구는 2,400만 명 이상인 인구밀집도가 높은 거대도시다. 지하철 노선도 많지만 고가도로가 동서남북으로 연결돼 있어 마치 거미줄 같다.

또한 상해에는 2층 구조로 설계된 고가도로가 있는데 1층 고가에는 전철이, 그 위 2층에는 자동차가 다닌다. 도로를 계획하고 설계할 당시부터 이러한 2층 구조로 구상했을 텐데 그 기발함은 물론이고 효율성 역시 두말할 필요가 없다.

고가도로에서 내려오는 교통체계도 재미있다.

고가도로 하행 시 좌회전을 위해 좌측 차선을 차지하려면 실제 매우 바쁘다. 거기다 교통 체증이 더해지면 여기저기서 울리는 경적 소리에 신경이 곤두선다.

그런데 만약 고가도로 하행 차선에서 좌회전 신호를 그대로 받을 수 있다면 어떨까? 실제 이러한 신호등 체계는 상해 다수 지역에서 운영되고 있다. 6차선 도로라면 좌회전 신호 시 1차선과, 고가도로에서 내려오는 하행차선인 4차선이 좌회전을 하고, 직진 신호 시에는 2,3차선과 5,6차선이 직진하는 신호체계로 운영되고 있는 것이다.

한국에서도 이러한 교통신호체계를 적극 검토해 볼만하다고 생각한다.

상해에서 택시를 타면 기사에게 목적지의 A도로, B도로 두 곳의 교차점을 함께 알려주어야 한다. 교차하는 지역을 택시기사가 목적지로 알고 출발하기 때문이다. 물론 목적지를 말할 때 랜드마크가 되는 큰 건물이나 유명장소를 알려주는 경우도 많지만 도로의 교차점을 알려준다는 점에서 매우 명확하고 실용적인 그들의 생활습관이 느껴졌다.

도로의 모든 명칭은 전국의 유명한 도시들의 이름을 그대로 사용한다. 북경로, 남경로, 복건로, 중산로 등등, 더 세분하면 남경서로, 남경동로 등으로 나뉜다. 이렇게 운영되면 자기 고향의 이름이 붙은 도로를 지날 때 더 정감이 가지 않을까 하는 생각도 든다.

상해는 유심히 살펴보면 여러 부문에서 배울 점이 많은 도시다.

⑩
테슬라 TESLA 전기자동차와 공유자전거 Mobike

2016년 이후부터 상해 교통수단으로 두 가지의 붐 Boom이 크게 일었다.

하나는 테슬라 TESLA 전기자동차이고 다른 하나는 휴대폰으로 누구나 쉽게 탈 수 있는 공유자전거 Mobike이다. 테슬라 자동차는 상류층, 공유자전거는 서민들의 교통수단인데 이 두 가지가 동시에 선풍적인 인기를 누리는 현상도 참으로 신기하고 기이한 일이다.

한국도 전기자동차 사업과 관련해 많은 준비를 하고 있고, 실사용자도 늘고 있는 것으로 안다.

그런데 지금 상해에는 한화 1억 원 이상의 고급 전기자동차인 테슬라가 나날이 늘어나 이제는 도로에서 쉽게 볼 수 있다. 아직 전기충전소가 많지 않아 줄을 서서 충전해야 하는 번거로움을 감내하면서도 이들은 전기자동차를 탄다.

한번은 테슬라 뒤에 초보운전을 뜻하는 '실습實習'이라는 글자를 붙이고 다니는 차를 보고 "진짜 테슬라가 맞나?"하고 다시 쳐다본 적도 있었다.

독일, 일본, 미국, 이태리, 한국 등 전 세계의 수많은 자동차 기업들이 중국에 현지공장을 세우고 치열한 각축전을 벌이고 있는 가운데 이제는 전기자동차가 자동차 산업의 패러다임을 바꾸고 있다.

머지않은 장래에 인공지능형 자율자동차도 곧 선을 보이게 될 것이다.

갑자기 테슬라를 운전하는 사람들의 취향이 궁금해진다. 새로운 것이라면 무조건 도전해보는 사람일까, 아니면 친환경에 앞장서는 사람일까? 여러 이유가 있겠지만 과시욕도 클 것이다. 실제 차 뒷문이 영화에서처럼 윙바디Wing-body 형태로 올라가는 모습은 누가 봐도 멋있다.

〈테슬라자동차 윙바디 모습〉

〈테슬라자동차 전기 충전하는 모습〉

실속 편의형 교통수단인 공유자전거는 또 어떤가?

잠시 중국의 자전거 문화를 보충 설명하면 자전거는 중국에서 교통수단의 하나로 완전히 자리매김했다. 도로에는 대부분 자전거 전용도로가 있으며, 중국인들은 어릴 때부터 자전거를 자주 이용해 한손으로 우산을 들거나 휴대폰을 하면서도 균형감 있게 자전거를 잘 탄다.

공유자전거는 휴대폰 앱APP으로 충전해(자전거 업체별로 100위안元, 300위안 충전) 근처에 있는 공유자전거를 스캔하거나 비밀번호 4자리를 눌러 잠김을 푸는 형태이다. 한번 타면 1시간에 1위안元이 차감된다.

사진에서 보는 Mobike는 mobile+bicycle의 조합으로 그 의미가 쉽게 전달되는데 이 사업은 대학생들이 모여 아이디어를 내서 창업했다고 한다. 선두 Mobike를 뒤쫓는 후발업체 oFo도 로고가 자연스럽게 자전거를 연상시키고 있다.

공유자전거를 타고 다니는 사람들은 어디서나 볼 수 있다.

공유자전거 사업이 처음부터 이렇게 흥행할지는 예상하지 못했을 것이다.

이제 상해에서는 너무나 자연스럽게 공유자전거를 이용한다. 마치 자기 자전거처럼 목적지까지 타고 가서는 세워두고(거치대가 거의 없음) 다시 필요하면 근처 공유자전거를 찾는 시스템이다. 나날이 공유자전거 시장이 성장하면서 지금도 후발업체가 계속 생겨나고 있으며 상해, 북경, 광주 외에 다른 대도시에도 지속적으로 확대해 가고 있고, 수출까지 하는 추세이다. 아마도 공유자전거로 인해 기존 자전거업체는 물론 택시업계도 상당한 영향을 받았을 것이다.

최근 들어 알리바바Alibaba 그룹도 공유자전거 사업에 자금을 지원하며 참여한다는 기사가 나왔다.

고장 나서 아무렇게나 방치된 공유자전거 때문에 미관상 좋지 않다는 생각도 들지만 1위안이라는 적은 돈으로 목적지까지 쉽게 갈 수 있다는 것은 사용자 입장에서는 매우 매력적인 일이다. 출퇴근을 위해 자전거를 직접 사기는 부담스럽기 때문이다.

공유자전거의 첫 사용자들은 주로 학생들이었지만 지금은 출퇴근하는 직장인, 자전거 산책, 공원 나들이를 하려는 가족들, 전철역까지의 이동수단을 찾는 사람들, 택시잡기 어려운 장소 등에서 그 활용도가 기하급수적으로 늘어나고 있다.

고장 나거나 방치돼 사용되지 못하는 자전거를 감수하더라도 사업이 될 것이라고 판단한 통찰력이 참으로 대단하다.

〈거리에 세워둔 공유자전거〉

그와 함께 내 자전거처럼 사용하는 일반 이용자들의 수용성도 한국식 사고와 개념으로는 이해가 잘 안 되는 부분일 것이다.

도로에는 테슬라 전기자동차가 연이어 지나가고, 동시에 자전거 도로로 친구와 이야기를 나누며 공유자전거를 이용하는 모습을 지켜볼 때면 중국이 대단한 나라이며 그 가능성 역시 무한하다는 생각이 들었다.

5년, 10년을 중국에서 지내면서 시간이 지나면 지날수록 중국이라는 나라를 설명하기가 어려워졌다. 알 수 없는 나라가 바로 중국이다.

CHAPTER 2

중국 사업
성공 18법칙

1

오너^{Owner}가
직접 주도하라

한국은 이미 저성장시대로 접어들었고 모든 분야에서 내수 경쟁이 한층 더 치열해지고 있다.

이제는 중국 진출을 포함한 글로벌 사업이 선택이 아닌 필수 생존전략이 되어가고 있다. 물론 글로벌 사업의 경쟁이 내수 시장보다 더 심하겠지만 성장의 잠재성과 가능성을 생각하면 더 늦기 전에 지금이라도 당장 뛰어들어야 할 시장이다.

무엇보다 중국에서의 사업은 경제학자 마이클 포터가 말한 다섯 개의 경쟁세력(5-Force Model)도 감안해야겠지만 민감한 정치외교 상황도 있고, 거시경제 분야에서 한순간에 어려움을 초래할 수 있는 더 큰 외부환경이 존재한다는 사실을 주지해야 한다. 때문에 중국에서의 사업은 오너Owner 또는 대표이사가 직접 주도적으로 반드시 챙겨야 한다.

오너Owner 또는 대표이사가 주도적으로 챙겨야 할 일들을 세 가지로 정리해 보았다.

첫째, 오너는 중국에서의 사업 투자 규모와 목표 달성 시간을 직접 결정해야 한다.

직접 사업을 하든, 합작투자를 하든, 또는 로컬업체를 인수하든 간에 결코 적지 않은 투자가 이루어져야 하기 때문이다. 다시 말해 최종 의사결정권자의 결정 없이는 지속적인 투자와 사업의 확대를 더 이상 진행할 수 없기 때문이다.

또한 투자된 규모에 맞춰 투자금액의 회수기간을 감안한 사업의 목표들, 가령 사업 규모, 시장점유율, 사업 지역, 사업 시기 등도 명확히 해야 한다.

모든 기업의 중국 진출 전략은 어떠한 형태로든 내부회의(경영위원회 형태)를 거쳐 최종결정권자에게 보고를 하고 진출하게 된다.

중요한 것은 오너 또는 대표이사가 사업에 거는 의지와 열정의 크기에 따라 사업 결과와 성과도 달라진다는 점이다. 그러므로 오너가 보다 주도적으로 열정을 보이는 것은 성공의 중요한 시작점이 될 것이다.

둘째, 오너가 현장을 심도 있게 이해해야 한다.

오너는 시장환경이나 경쟁상황, 제반 법규와 정책 등이 어떠한지, 지역별 차이가 무엇이고 어떤 기업들이 성공하고 실패했는지 등에 대해 통찰력을 갖고 그 누구보다 자세히 파악하고 있어야 한다.

물론 정례적으로 긴장감 있는 경영회의를 하고 출장을 통한 현장 보고를 받지만 현지 주재원 못지않게 현장에 대한 '감感'과 '촉觸'을 갖고 있어야 한다. 출장 가서 보는 현장은 실제 현실보다 잘 하고 있는 것으로 왜곡되어 보일 수도 있기 때문이다.

또한 지역 로컬업체를 포함해 수많은 경쟁자들을 평가절하하는 오류를 범해서도 안 되며, 후발 주자로서 진용을 갖추고 브랜드를 알리며 취급율을 높이는 데 소요되는 시간과 노력이 어느 정도인지도 정확히 파악해 두어야 한다. 만약 현장에 대한 정확한 이해 없이 오너의 의지만으로 밀어붙인다면 오히려 계획대비 경영실적은 턱없이 낮아질지 모른다.

셋째, 오너가 현장을 직접 지원해야 한다.

중국에서의 사업 성적표는 노력한 만큼 나온다는 보장이 없다. 한국인들은 중국에 주재하는 순간 열정적으로 주말과 야근 근무, 출장을 마다않고 열심히 일하는데도 왜 그럴까?

뒤에서 소개하겠지만 인력을 육성하고 프로세스를 구축하는, 결코 쉽지 않은 작업을 당초 사업전략에 제대로 반영하지 않았기 때문에 그렇다. 또한 사업을 진행하다보면 경쟁 정도가 예상보다 더 치열하다는 사실을 뒤늦게 체감하는 경우도 많기 때문이다.

경영실적이 부진한 상황에서 오너는 대부분 심한 질책이나 밀어붙이기, 인력교체 등 다양한 제스처를 취하게 된다.

물론 현실적인 경영차질에 답답한 마음이 크겠지만 그럴 때일수록 현지의 조직 능력을 다시 살피고 현지에서 고생하는 인력들을 격려하고 지원하는 일은 매우 중요한 일이다. 글로벌 전쟁터에서 이기고 지는 전투는 수없이 자주 나타날 수 있기 때문이다.

조직의 역량이 부족하면 정예 인력들을 엄선하여 더 지원하고, 의미 있는 우수 사례가 있다면 그것이 아무리 작은 것이라도 적극 격려해 자신감을 심어주는 것은 매우 중요한 일이다.

목표 고지의 7,8부 능선까지 와있는 상태에서는 조금만 더 지원하며 기다린다면 반드시 목표를 달성해 낼 것이다.

지금까지 중국 사업에서 오너Owner가 직접 챙겨야 할 일들을 알아보았다.

오너로서 의사결정을 내리는 것도 매우 중요하지만 그에 못지않게 현장경영, 지속적인 지원체계도 중요하므로 어느 하나라도 소홀히 하지 말 것을 다시 한 번 강조한다.

2

정책적이고 전략적으로
우수 인재를 투입하라

세계 스포츠 경기에서 우승하기 위해서는 최고의 기량을 가진 국가 대표를 뽑아 출전시킨다. 국가대표는 전 세계 모든 선수들과 어깨를 겨루기 위해 국내 각종 선발전에서 엄선한 선수를 말한다.

기업도 대기업이든 중소기업이든 중국에 진출하는 모든 기업들은 반드시 성공하겠다는 의지를 갖고 기업 내 인력들 중 나름 최정예 인력, 즉 국가대표를 뽑아 투입한다.

그러나 곳곳에 도사리고 있는 난관이 너무나 많다. 그렇기 때문에 중국에서의 사업은 국가대표로서 원정경기를 치르는 것에 비유할 수 있다.

원정경기에서는 상대측 홈그라운드의 압도적 응원 열기와 심판의

편파 판정 등 여러 불리한 조건 속에서 엄청난 부담감과 긴장감을 안고 경기에 임하게 된다. 그뿐인가. 시차 적응이나 음식 문제 등으로 제 실력을 발휘하기가 쉽지 않다.

중국에서의 사업도 마찬가지다. 사업 환경과 타겟이 되는 고객이 다르고, 게임에 임하는 순간부터 모국의 지원도 어렵다.

그러나 스포츠든 사업이든 그러한 속에서도 어떻게든 승리를 거머쥐어야 하는 것이다.

그러면 원정경기의 불리한 조건을 극복하고 승리할 수 있는 최선의 방법은 무엇일까?

먼저 제대로 된 국가대표를 뽑아야 한다.

한국의 국가대표로서 전 세계 선수(또는 경쟁자)들과 겨룰만한 능력과 근성이 되는지 객관적으로 비교해 볼 필요가 있다.

여자골프나 양궁, 쇼트트랙처럼 우리에게 매우 강한 종목이 있는 반면 육상처럼 약한 종목이거나 축구처럼 아쉬움을 남기는 종목도 있기 마련이다. 강한 종목의 국가대표는 어렵지 않게 메달을 손에 쥐겠지만 약한 종목의 국가대표는 승리를 위해 그 누구보다 열정을 쏟아야 한다. 왜냐하면 개인이 아니라 국가를 대표하기 때문이다. 또한 약한 종목이라고 해서 국가대표로 아무나 내보낼 수도 없다.

한국 본사 측에서는 중국에 투입되어 주재로 상근 근무하고 출장지원 되는 인력들이 정말 최정예 국가대표급 인력인지 생각해 보아야 한다. 또한 중국에 나온 사람들은 과연 한국의 국가대표로서 중국에서 얼마나 역할을 해 낼 수 있을지를 고민해야 한다.

물론 국가대표급보다 더 상위 개념인 'World Class'급 인력도 투입될 수 있다.

하지만 중국 사업에 임하는 많은 기업들을 지켜보면 그 인력들이 진정 국가대표급 인력인지 의심스러운 때가 있다. 중국에서 근무하거나 지원 나오는 인력들의 능력과 근성을 결코 폄하하려는 것이 아니다. 중국에 주재하는 모든 인력들이 한국인 특유의 근성으로 열정적으로 일하고 있다는 사실을 잘 알고 있다.

중요한 것은 국가대표에게는 원정경기의 어떠한 난관과 어려움도 이겨내고 반드시 승리를 쟁취해야 한다는 절대절명의 과제가 있다는 점이다. 경기에서 패배했다면 어떤 이유라도 변명할 수 없다.

누군가 내게 이런 말을 한 적이 있다.

"중국 사업에 죽기 살기로 임했는가?"

그렇다고 답변하자 "죽기 살기로 했는데도 이러한 경영실적이 나왔다면, 미안한 얘기지만 죽은 것이다"라고.

모든 스포츠의 국가대표는 후보까지 선발하기 때문에 국가대표 인력풀Pool을 2배수로 구성한다.

잠깐 여기서 나는 기업들에게 묻고 싶다.

중국 사업을 위해 국가대표 인력풀Pool처럼 사전에 2배수, 아니 1.5 배수라도 선정하여 운영하고 있는가?

그만큼의 인력풀Pool을 투입하지 못하면서 사업계획대로 성과를 내고 성공하기를 기대한다면 잘못된 전략이고 그릇된 판단이다.

한국도 매우 치열한 경쟁시장이지만 만약 한국의 우수 인력 5% 수준을 정책적으로 중국 사업에 투입한다면 결과가 어떻게 달라질지 생각해보기 바란다. 그들의 치열한 노력으로 중국 사업성과는 아마도 더 빨리 앞당겨졌을 것이다.

우수인력 5%가 한국에서 빠진다고 해서 한국 경영실적이 5% 감소하는 일도 없을 것이다. 이미 모든 부문에서 시스템화되어있기 때문에 그런 일은 절대 일어나지 않는다.

그렇다면 왜 정책적이고 전략적인 결정 하에 진정한 국가대표급 인력들을 한 번에 진용을 갖춰 투입하지 못하는 것일까?

첫 단추가 잘못된 상태에서 계속해서 인력이 바뀌고 사안마다 새로운 인력(선수)들이 그때그때 투입되는 경우를 현지에서 많이 보았기에 드는 의문이다.

이번에는 국가대표급 인력들에게 하고 싶은 말이다.

주재근무로 나오는 인력들은 '해내고야 말겠다는 열정과 포부'뿐만 아니라 엄청난 긴장감과 부담감을 갖고 나온다. 그들은 중국에 오자마자 한국인 특유의 근면성을 바탕으로 매일 야근을 하고 주말·휴일 근무에 출장까지 다니며 진정 열정적으로 일한다.

그러나 1년이 지나고 3년이 지났을 때도 처음 가졌던 의욕과 추진력으로 한결같이 일을 하고 있는지 묻고 싶다. 중국의 언어와 풍토에 익숙해지고 경험도 자연스럽게 쌓이며 내공이 생기지만 초심初心의 열정이 유지되고 있는지는 의문이다.

왜 대부분의 기업들은 주재근무 3~4년이 되면 순환근무라는 명목 하에, 또는 목표 미달성의 조치로 인력을 수시로 교체하는 것일까? 중국 주재 인력들은 그 이유를 스스로 찾아봐야 할 것이다.

중국 사업에 임하는 인력은 크게 세 부류로 나눌 수 있다.

큰 성과를 내며 역할을 제대로 해내는 부류, 적당한 수준에서 머무르는 부류, 사업에 크게 기여하지 못하는 부류이다.

큰 성과를 내며 역할을 제대로 해내는 주재인력들은 기본적인 전문성, 열정, 융합의 리더십은 물론 강한 근성을 갖고 있는 사람들이다. 사업을 반드시 성공시키겠다는, 또는 사업성공의 기본 인프라를 반드시 구축하고야 말겠다는 '강한 근성'으로 무장된 사람들이다.

축구 원정경기라면 상대편 응원단의 일방적인 응원 속에서도 기죽지 않고 끝까지 질주하고 버티며 승리를 위한 마지막 순간까지 혼신의 힘을 다하는 선수들이다.

중국 사업에 임하는 국가대표가 제대로 선발되고 인력풀Pool은 잘 운영되고 있는 것인지, 국가대표로 선발된 인력의 기량이 중국에서 과연 어느 수준인지 다시 한 번 묻고 싶다.

아울러 지금 이 순간에도 남모르는 어려운 사업 환경 속에서 총력을 다해 사업에 임하는 많은 중국 주재인력들에게 화이팅을 외치며 힘찬 격려의 박수를 보내고 싶다.

어떤 리더인가?

기러기를 포함한 철새들은 수백~수천km를 이동한다고 한다.

때문에 체력소모를 최소화하기 위해 공기저항을 적게 받으려고 V자 형태로

열을 지어 날아가는데, 맨 앞에서 날아가는 기러기는 교대를 한다.

자연스레 맨 앞 리더의 역할은 매우 중요해진다.

한국에서 강화도를 차車로 일주한 적이 있었다.

때마침 철새들이 이동하는 시기였는데 워낙 많은 철새 무리로 하늘은 온통

검게 뒤덮였다.

철새들을 보면서 느꼈던 인상적인 장면은 지금도 기억에 남아있다.

50~60마리 단위로 무리를 지어 이동하는데 실제 V자 형태로 날고 있었다.

그러나 정확한 대칭구조의 V자 형태로 나는 무리는 의외로 적었다.

한쪽이 긴 비대칭 V자 형태가 많았고 일렬로 날아가는 무리도 있었다.

더욱 재미있는 일은 씩씩하게 정반대로 무리를 지어 날아가는 철새 떼도 있

었다는 사실이다.

나는 과연 중국 사업을 하며 V자 형의 제일 앞을 차지하는 리더 역할을 제대로 했는가를 돌아보았다. 정확히 방향을 잡고 균형 잡힌 V자 형태를 유지하며 수시로 리더도 교체하면서 말이다.

찬찬히 생각해 볼 일이다.

3

가장 약한 곳부터
보완하라

중국 사업 진출 시 프로세스를 정리하면 다음과 같다.

성공기업을 벤치마킹하고, 고객을 분석하고, 상권을 분석하고, 법인 설립 등 제반법규를 알아보고, 목표를 정하고, 그에 연동된 예산, 일정, 인력 등을 수립해 수차례의 회의와 보고를 마친 후 사업에 진입하게 된다. 사업전략팀에서는 전략을 수립하고 사업지원팀에서는 인력과 소요예산 및 운용자금 계획을 수립한다.

사업이 확정되면 투입인력을 엄선하는 작업이 진행되고 순차적으로 주재발령이 나며, 조직을 갖추기 위해 전문분야 현지 실무자들을 면접을 통해 충원하게 된다.

나는 여기서 범할 수 있는 오류들을 정리해 보고자 한다.

첫째, 중국 사업을 기획하는 자와 실행하는 자가 다르다는 것을 알아야 한다.

사업진출 전략을 준비한 사업전략팀과 사업지원팀에서 전략 및 계획을 수립했지만 막상 투입되는 인력은 전략과 계획을 세웠던 사람들이 아닌 다른 사람들이다. 사업을 준비했던 인력들은 프로젝트가 의결됨과 동시에 업무를 마친 것이고 모든 업무와 책임은 새로 투입된 주재 인력들에게 전부 이관된다.

주재원으로 선정된 후에는 중국어를 집중 공부한 후 사업 성공 의지를 다지고 현지에 나오게 된다. 심지어는 중국을 전혀 모르는 상태에서 전문성과 근성이 뛰어나다는 이유로 나오는 경우도 있다.

중국에 나와서 사업을 성공시키면 참여한 모든 인력들이 함께 노력한 결과가 되지만 만약 실패하거나 계획대비 차질이 클 경우에는 현지에 진출한 인력들이 그 모든 책임을 지게 된다.

이러한 프로세스를 과연 옳다고 할 수 있을까?

사업 실패를 현지에 있는 인력들만의 잘못으로 보는 시각이 과연 맞는 것인지 생각해볼 필요가 있다.

둘째, 물은 낮은 곳으로 흘러나온다. 그러므로 물이 새지 않도록 하기 위해서는 낮은 곳을 보수·보완해 주어야 한다.

통나무 물통 안에 물을 채우면 낮게 패인 가장자리로 물이 새는 것을 볼 수 있다. 평범하지만 아주 중요한 사실이다. 이러한 현상을 중국 사업에도 적용시킬 수 있다.

만약 진출하는 기업이 제조분야라면 사업전략, 영업, 마케팅/연구소, 공장(사업장), 지원 부문 등을 기본 조직으로 갖추게 될 것이다.

각 부문별로 투입되는 주재인력들의 전문성과 열정을 평가하기 위해 각종 조사 설계 시 자주 사용되는 5점 척도법으로 인력과 부문의 역량을 자체 평가해 볼 수 있다.

5점 척도법으로 나타난 결과가 예를 들어 사업전략 5점, 영업 4점, 마케팅/연구소 5점, 사업장 2점, 지원 부문 4점이라면 5개 부문 총합은 20점이고 평균은 4점이 된다. 그렇다면 사업역량을 4점으로 볼 수 있을까?

여기에 큰 오류가 있다.

중국을 포함한 글로벌 사업에서는 사업의 평균역량을 4점이 아닌, 가장 낮은 수준(점수)인 2점으로 보는 것이 타당하다는 것이다.

왜냐하면 한국에서의 사업이라면 이미 브랜드가 구축되어 있고 기본 사업 방향을 알고 있으며 경쟁사 동향도 파악된 상태로, 사업을 위한 인력과 프로세스를 모두 갖춘 상태지만 중국 진출 사업은 전혀 그렇지 않다. 중국인을 상대로 해야 하고 잘 모르는 경쟁사와 경쟁하며 인력을 양성하고 프로세스를 갖추어 나가야 한다. 그렇기 때문에 사업전략을 준비하는 것 못지않은 많은 시간이 소요될 것이고 예상치 못한 일들도 수시로 발생할 수 있다. 때문에 가장 약한 사업 부문이 어디인지 정확히 파악하고 그것을 신속히 보완하는 과제가 사업 전체의 역량과 경쟁력을 높이는 길이다.

셋째, 사업을 기획하는 기간에도 중국의 변화는 계속되고 있다는 것을 잊어서는 안 된다.

앞서도 언급한 바 있지만 중국 몇 개 지역을 몇 번 왔다 갔다 한 것으로 쉽게 판단해 버리는 오류를 범해서는 안 된다.

또한 벤치마킹 자료와 경쟁사를 분석한 것이 100페이지 분량, 아니 1,000페이지 분량으로 나왔다 해서 정말 분석이 제대로 된 것인지도 생각해 봐야 할 문제다.

경쟁사의 정의는 무엇이고 어느 지역, 어느 레벨Level까지를 경쟁사의 범위로 봐야 할 것인지, 사업을 준비하는 기간에 경쟁사가 빠르게 치고 나갈 경우 그 차이를 어떻게 따라 잡을 것인지 등도 고려해야 한다.

경쟁사들도 목표가 있고 KPI(Key Performance Indicator: 핵심성과지표)가 있으며, 자체적으로 치열한 목표달성 대책회의를 하고 그에 따른 계획을 실행해 나간다는 점을 잊어서는 안 된다.

준비한 사업전략과 투입된 인력들의 기대치와 성과를 너무 과대평가하고 있지는 않은지, 경쟁사에 대해 너무 과소평가하고 있지는 않은지 생각해 볼 필요가 있다.

넷째, 투입되는 인력에 대한 검증이 제대로 이뤄져야 한다.

모든 기업의 현실적인 고민은 업의 전문성을 갖춘 우수한 인재를 투입하는 일이다.

그런데 전문성이 있으면 현지 언어가 안 되고, 현지 언어가 가능하면 전문성이나 열정이 뒤처지는 일이 자주 발생한다.

결국은 전문성을 갖춘 인력을 뽑아 현지 언어를 속성으로 가르쳐 투입하거나, 조금 미흡해도 현지 언어 전공자를 투입해 경험을 통해 전문성을 키우도록 하는 방법을 병행하게 된다.

현지 언어를 속성으로 배우고 나온 전문 인력들만을 다시 살펴보면, 그들은 현지 사업전략을 재수립하고 필요한 직원을 채용하는 등 여러 일을 하게 된다. 여기저기 출장도 다니고 통역을 사용해 사업관련 주요 파트너들도 만난다. 그들은 중국어를 빨리 습득해야 한다는 부담감 때문에 새벽이나 밤늦은 시간까지, 심지어 주말에도 열심히 중국어를 공부한다.

그러나 외국어를 공부하는 일은 말처럼 쉬운 일이 아니다. 학창시절 그토록 영어 학원을 다니고 녹음테이프를 들었지만 영어를 자유자재로 구사할 수 없는 것을 보면 알 수 있다. 의지만으로는 잘 안되는 게 외국어일 것이다. 때문에 전문 인력들도 중국에 나오기 전에 기본 레벨의 중국어는 마치고 나올 수 있도록 교육프로그램과 정책이 선행되어야 할 것이다.

다섯째, 조직을 구축하는 단계도 사업계획에 반영해야 한다.

해외 사업에 진출하면 그 이후 조직을 갖추는 일은 당연히 현지 주재인력이 의지를 갖고 해야 할 일이다. 그러나 우수 인력들을 제대로 선발해 채용하는 일은 결코 쉬운 일이 아니다.

우수 인력을 끌어오기 위해서는 매력적인 합류 배경이나 이유가 있어야 한다.

급여보상이 높거나 큰 기업 또는 좋은 기업으로서의 비전을 제시하고 기업의 위상을 느낄 수 있도록 해야 한다.

면접도 완벽한 방법이 아니다. 통역을 써서 나름 긴 시간의 면접(물론 다단계 면접도 하면서)을 통해 적임자를 선발하지만 한계가 분명 있다.

전 부문 우수 인력을 고르게 채용해야 하지만 매우 어려운 작업이고, 조직의 진용을 제대로 구축하기까지는 상당한 시간이 소요된다. 이러한 어려움 때문에 초기 사업진출전략 계획에서 갭Gap이 발생하는 경우도 종종 있는데 인력 채용 기간이 길어질수록 그 차이는 더 커지는 것이다.

지금까지 중국사업 진출 시 범할 수 있는 오류들을 크게 다섯 가지로 정리해 보았다.

전 부문 정예인력이 투입되어야 한다는 점, 경쟁사를 과소평가할 소지가 크다는 점, 조직을 제대로 구축하는 시간이 많이 소요된다는 점, 가장 취약한 부분을 신속 보완해야 한다는 점, 전문성 있는 우수 인재 유치가 어렵다는 점 등이다.

이러한 내용들은 현지 투입되는 주재인력은 물론 한국의 컨트롤 타워에서도 십분 이해하고 함께 준비해 나가야 할 부분이다.

현지 인력의 전 부문이 5점 척도 중 4점을 받고 충원되었다고 하더라도 한국 본사의 지원마인드와 지원시스템(인력, 예산, 일정 등)이 3점이라면 이 또한 사업역량과 경쟁력은 안타깝지만 4점이 아닌 3점에 그친다는 것도 다시 한 번 강조한다.

4

인재를
적재적소에 배치하라

초楚나라의 항우와 한漢나라의 유방 간의 치열한 전쟁스토리 초한지楚漢志는 너무나도 잘 알려진 이야기다.

항우와 유방을 소개하려는 것이 아니라 유방을 보좌한 3명의 재상, 장량, 한신, 소하에 대해 말하고 싶다.

힘이 장사였던 항우가 왜 유방에게 결국 패하게 되었을까? 항우에게도 범증이라는 탁월한 책사(전략가)가 있었는데도 말이다. 어떤 이들은 범증이 장량보다 더 뛰어나다고 평가하기도 했다.

그럼에도 유방이 승리한 것은 유방에게는 전략가인 장량과 한신이라는 뛰어난 장군과 그 뒤를 든든히 지원한 소하라는 재상이 있었고 이세 재상들의 능력을 익히 알고 잘 활용한 유방이 있었기에 한나라의 승리로 결말이 난 게 아닌가 생각한다.

글로벌 사업, 특히 중국 사업은 가히 전쟁을 방불케 하는 복합적인 경쟁구조이다.

고객 분석, 경쟁사 분석, 각종 벤치마킹 등 다양하고 상세한 사업진출 전략을 세우지만 힘만 장사인 항우처럼 밀어붙이기만 해서는 안 되며, 재능을 갖춘 재상들을 적재적소에 두루 등용한 유방처럼 사업을 운영해야 함은 아무리 강조해도 지나치지 않다.

하지만 대부분의 기업이 장량처럼 책사 역할을 하는 전략팀과 사업기획팀을 위주로 사업진출 전략을 수립하고 있다는 생각을 지울 수 없다. 그렇게 되면 탁월한 영업수장인 한신 역할과, 마케팅, 연구소와 제반 모든 지원, 리스크 매니지먼트(RM)기능까지 잘 수행하는 지원시스템인 소하 역할의 비중이 상대적으로 약화될 수밖에 없다.

만약 제조기반의 회사라면 전략을 포함한 마케팅 팀장, 영업 팀장, R&D 센터장, 경영지원 팀장 등 최소한 4~5명의 국가대표급 팀장이 동시에 글로벌 전선에 투입되어야 할 것이다.

아울러 고객과 경쟁사를 잘 알고 있는 중국 현지인을 제대로 등용해 활용하고 있는지도 살펴보아야 할 부분이다.

중국에서 사업을 하거나 준비 중인 경우라면 묻고 싶다
"장량, 한신, 소하의 역할을 할 사람과 조직은 구축되어 있는가?"

도움 되는 알짜 중국어 표현

도움이 될 만한 중국어 표현을 몇 가지 소개한다.

중국 비즈니스에서 많이 쓰이는 표현으로 알아두면 매우 유용할 것이다. 책

을 통해 배울 수 없는 알짜 중국어 표현, 직접 활용해 보시길….

1. '당신 덕분에~'라는 표현은? (ㅇㅇㅇㅇ)

2. 삼국지의 삼고초려를 실제 어떻게 말할까? (발음)

3. 원스톱 쇼핑처럼 한 번에 모든 서비스를 제공할 때 사용되는 말은? (ㅇㅇ

   ㅇㅇㅇ)

4. 상대방과 대화중 그만 마치려고 할 때 사용되는 겸손한 표현은? (ㅇㅇㅇ)

5. 결혼식에서 신랑신부에게 덕담으로 사용되는 말 또는 문구는? (ㅇㅇㅇㅇ)

6. 술 마시며 남자들끼리 기분 좋을 때(특히 북방에서) 하는 건배 제의는?

   (ㅇㅇㅇㅇㅇㅇㅇ)

7. 두보 시인이 태산에 올라 주위를 둘러보며 한 말, "모든 게 작아 보이는

   구나"의 표현은? (ㅇㅇㅇㅇㅇ)

8. '로마에 가면 로마법을 따라야 한다'의 표현은? (○○○○)

9. '호랑이도 제 말하면 온다'는 표현은? (○○○ ○○○)

정답은 아래와 같다. (간자체 표현)

1. 托你的福 tuo ni de fu (투오 니더 푸)

2. 三顾茅庐 san gu mao lu ('초' 발음을 잘 사용안함)

3. 一条龙服务 yi tiao long fu wu (용 한 마리를 통째로 주는 서비스개념~)

4. 你忙吧 ni mang ba

5. 百年好合 bai nian hao he

6. 酒逢知己千杯少 jiu feng zhi ji qian bei shao (나를 알아주는 친구와는 천 잔의 술이 부족하다)

7. 一览众山小 yi lan zhong shan xiao

8. 入乡随俗 ru xiang sui su

9. 说曹操, 曹操到。 Shuo cao cao,cao cao dao (삼국지 '조조'가 유명하기 는 하죠)

5

'강한 2등'
전략이 필요하다

한국에서는 유난히 1등을 선호하는 경향이 있다.

그러한 모습은 올림픽경기에서 금메달을 딴 선수와 은메달, 동메달을 딴 선수들의 시상대 위 표정을 보면 알 수 있다. 외국 선수들은 동메달을 목에 걸고도 환하게 웃는 반면 한국 선수들은 은메달, 동메달을 받고도 왠지 만족하지 않은 표정이었다. 이것이 나만의 생각인가?

중국사업도 마찬가지다.

누가 1등이 되고 싶지 않겠는가. 모든 사업전략에는 수년 내 어느 지역 또는 어느 유통채널에서 반드시 1등을 하겠다는 목표가 포함되기 마련이고 당연히 그러한 의욕과 포부로 글로벌 사업을 준비하고 실행해 나갈 것이다.

하지만 중국 대륙에서의 1등이라는 목표는 좀 다르게 접근할 필요가 있다.

후발업체들이 1등으로 앞서가기 위해서는 여러 가지 극복해야 하는 어려움이 있다.

먼저 뒤쫓아 가는 어려움이 있을 것이고, 선발주자들의 강한 맞대응도 기다리고 있다. 경쟁자가 예상보다 너무 많은 것도 문제다. 고객들을 파악하고 이해할 만하면 더 빠르게 변하는 트렌드를 따라가는 것도 어렵다.

중국 로컬업체에게 중국 정부가 베푸는 세제 혜택이나 보조금 등의 지원도 장애 요소다.

결국 중국 내에서 1등을 달성한다는 것은 결코 쉽지 않은 목표라는 것을 겸허히 받아들여야 한다.

그렇다면 중국에서는 동일 업종 내에서 어느 정도의 위치라야 존재감 있는 위상을 차지했다고 말할 수 있을까?

업종별로 큰 차이가 있겠지만 전국 10위권 내, 권역(예 화동)과 지역(예 산동성)의 3위권 내, 특정 상권의 1~2위권이라면 나름 존재감이 있다고 말할 수 있다.

사업전략을 수립할 때부터 본사의 유관 부문과 함께 연도별 매출계획, 손익계획과 더불어 어느 권역과 지역에서 시장점유율(MS) 몇 %

를 달성할 것인지, 몇 위권을 목표로 할 것인지를 사전에 조율할 필요가 있다. 또한 그러한 목표가 어느 정도의 위상과 존재감을 나타내는지 어떤 수치가 진정 의미 있는 수치인지에 대해 사전에 공감이 있어야 한다.

나는 중국에서는 먼저 '강한 2등' 전략을 강조한다.

'강한 2등' 전략이란 말 그대로 1등이 아닌 2등을 목표로 하는 전략이다. 그러나 그 2등은 단순한 2등의 의미가 아니다.

마음먹고 전력을 다한다면 1등도 가능한 2등! (1등이 안 되는 여러 제한이 있을 수 있음), 1등이 항상 선두를 빼앗길까 불안해하는 2등!, 2등과 3등과의 차이가 워낙 커서 감히 3등이 넘보지 못하는 2등!

이러한 2등이 '강한 2등' 이다.

조금 더 의미를 확장해 보면 2등이지만 수익 면에서는 1등 못지않은 내실 있는 경영실적을 보이는 2등!, 2등이지만 한국 본사보다 규모가 더 크거나 이익을 더 많이 내는 2등도 해당될 것이다.

중국 사업은 이러한 의미에서의 '강한 2등' 전략이 필요하다. 그러기 위해서는 전국, 권역, 지역, 상권별로 계획하고 세부 실행전략을 세워야 한다.

물론 전국 1등이라는 최종 목표를 달성하기 위한 중간 목표로서의 '강한 2등' 전략이 될 것이다.

더불어 매년 목표달성 과정에서 단기적으로 매출이나 손익에서 일부 차질이 발생하였더라도 '의미 있는 시장점유율(MS)', '의미 있는 등수'의 경영지표를 보이며 '강한 2등'을 달성했다면, 현지에서 수고하는 구성원들에게 사기진작 차원에서 포상과 격려도 필요할 것이다.

6
목표의 구간을
세분화하라

목표를 수립할 때 다음 해의 시장을 예측하는 작업은 매우 기본적인 일이다.

시장을 예측하는 방법은 관련업계 등의 시장예상치 자료와 경쟁상황을 분석하고, 자체적인 의욕치와 한국 본사의 추가옵션을 더해 최종적으로 경영목표를 확정하게 된다.

여기서 흔히 범하는 오류는 경영환경상의 시장을 최저상황, 적정상황, 최고상황으로 예측하는 3단계 구간, 즉 Worst, Mostly like(=Target), Best 구간으로 설정하는 것이다. 왜 이것이 오류냐 하면 중국 사업상 시장예측은 3단계 구간이 아닌 5단계 구간으로 세분화하는 것이 더 타당하기 때문이다.

Worst, Worse, Mostly like, Better, Best로 말이다.

극한의 최저점(Worst)과 극대를 의미하는 최고점(Best) 사이에 Worse, Better 구간으로 더 세분화함으로써 예상 이상의 최대 호황기도 예측할 수 있고, 전혀 예상하지 못했던 천재지변 수준의 최저 시장도 예측해 준비할 수 있게 된다.

3단계 구간으로 나누면 Worst의 개념은 Worse에 더 가까워지고 더 최악 상황까지의 고려는 미흡할 수 있으며, Best의 개념도 Better에 가까워지게 된다.

예를 하나 들어보자.

중국 요우커游客들의 한국 방문이 급증해 연간 800만 명이 넘을 때 관광업계와 화장품업계 그리고 명동과 제주도는 예상 밖의 매출에 행복한 비명을 질렀다. 하지만 사드(THAAD) 이슈 이후 썰물 빠지듯 요우커의 수는 급감했다. 이러한 일은 전혀 예상을 하지 못했기에 대책을 강구할 수 없었고, 실적도 크게 격감하게 된 것이다.

중국 내 사업을 하고 있던 A마트가 영업 자체도 못할 정도로 직격탄을 받은 것도 같은 사례라고 본다.

영화관 사업도 그렇다.

2016년 2월 춘절(설날) 주성치 감독의 《미인어美人魚》라는 영화는 중국 관객 9,200만 명 이상을 불러들였다. 곧 관객 1억 명이 넘는 영화도 생길 것이라 본다. 한국 최대 명작 《명량》이 1,700만 명인 것을 감안하면 대단한 실적이다.

하지만 2016년 중국 전체 영화시장은 25% 이상 성장할 것으로 예상했지만 한해에 스크린 수만 20% 이상 증가했고《미인어》대작이 있었음에도 전체 시장은 정작 5%밖에 성장을 못했다.

글로벌 사업 중 특히 중국 사업은 정치적인 이슈, 거시경제적인 문제가 더 큰 부담으로 작용할 수 있다고 강조하는 이유가 여기에 있다. 이 때문에 시장 예상 구간을 5단계로 더 세분화해서 최고상황과 최저상황까지도 사전에 대비할 수 있도록 해야 한다.

시장 상황 예측에 연결된 목표와 성과에 대한 평가도 확대해서 검토할 필요가 있다.

보통 매출이나 손익은 3단계 구간으로 Target(목표) 대비 Threshold(최저), Maximum(최고)은 20% 전후로 구간이 설정된다. 즉 100%라는 목표가 설정되면 최저 80%, 최고 120%로 구간이 설정되는 것이다. 이것의 의미는 100%라는 목표에서 달성률이 80% 이하가 되면 여러 핵심성과지표(KPI) 중 경영실적 상으로는 그동안의 노력과 무관하게 회사의 기대목표와의 차질이 커서 결론적으로 Zero가 된다. 해당 부문 성과 인센티브도 당연히 Zero로 처리될 것이다.

물론 나중에 어떠한 형태로든 질적인 성과지표 등을 고려하여 정상이 참작되기도 하지만 체감되는 실질성과에 대한 평가는 차이가 제법 크다고 하겠다. 그리고 중국은 아직 시장예측 적중율을 논하기 어렵다는 점을 감안해야 한다.

사드(THAAD) 갈등이 계속 전개된다면 100%라는 목표설정 하에서 수많은 노력을 해도 80% 이상의 성과는 어려울 것이다. 최악의 경우 50% 근처에 다다를 수도 있다. 반대로 호황기에는 120%가 아닌 150%에 가까운 경우도 발생할 수 있다.

100%라는 목표가 설정되면 60%, 80%, 100%, 120%, 140%로 5개 구간으로 성과에 대한 평가도 확대해서 설정해야 할 것이다. 이러한 목표 세분화 작업은 중국 시장을 더 심도 있게 예측하고 그에 대한 대책을 준비할 수 있게 한다.

아울러 한국 본사는 특수한 현지상황에 대해 함께 검토해 보는 프로세스가 도입되어야 할 것이다.

'비온 뒤에 땅이 더 굳는다'는 우리나라 속담이 있듯이 지금은 비록 사드(THAAD) 갈등과 같은 최악의 상황에 처해 어려움을 겪고 있지만 이 상황을 슬기롭게 극복하고 나면 다시 최고의 사업 환경과 최고의 실적을 영위할 수 있게 될 것이다. 지금은 다 함께 더 분발해야할 시점이다.

줄탁동시|啐啄同時

한 마리 병아리가 알에서 부화하는 작업은 신비롭고 집요한 노력의 과정이다. 병아리가 알에서 부화하기 위해 알 속에서 알껍데기를 쪼는 것을 줄啐이라고 한다. 반대로 밖에서 어미닭이 알껍데기를 쪼는 것을 탁啄이라 한다. 병아리가 알 밖으로 나오기 위해 어미닭과 병아리가 동시에 알껍데기를 쪼는 것을 줄탁동시啐啄同時라고 한다.

중요한 것은 알속의 병아리와 밖의 어미가 동시에 같은 위치를 쪼아야 쉽게 병아리가 탄생할 수 있다는 사실이다.

병아리 혼자 알껍데기를 쪼아서 나오기는 쉬운 일이 아니다.

중국 사업에서도 줄탁동시가 필요하다. 비즈니스를 준비·기획하고 실제 실행하는 단계에서 열정, 도전정신, 추진력 등도 중요하지만 중국 현지 직원들과, 또는 JV업체 현지 파트너와 함께하는 협력의 자세가 필요하다.

중국 현지 직원들과 함께하는 실행이 되어야만 어려운 상황도 헤쳐 나갈 수 있고 성과를 낼 수 있으며, 성공을 하는 시간도 훨씬 단축시킬 수 있다.

중국 현지 직원과의 협업과 팀워크 없이 성공하겠다는 것은 어찌 보면 병아리를 알껍데기 속에 그대로 가두어두는 것과 같다면 지나친 비약일까.

7

최대한 빨리 인력을 육성하고
업무프로세스를 구축하라

사업전략을 수립하고 인력이 선정돼 거대한 꿈과 열정으로 선발대가 출범했는가? 그렇다면 그 다음 현지에서 해야 할 일은 무엇보다 빠르게 현지 인력을 채용·육성하고 현지에 맞는 업무프로세스를 구축해야 한다.

물론 한국 본사의 지속적인 인력과 자원의 지원이 있겠지만 인력 문제와 업무프로세스 문제를 해결하는 일은 현지에서 절대절명의 과제이다.

인력을 육성하라!

2005년 중국에서 사업을 시작했을 때 일이 생각난다. 직원을 아끼고 챙기겠다는 한국적인 발상으로 전 직원들의 사진을 내 자리 뒷면 보드판에 게시한 적이 있었다. 그런데 여러 회의를 거치고, 출장을 가서 지역 직원들을 만나면서 사진을 하나씩 떼어내고 있는 내 모습을 발견했다. 정직하지 않거나 성실하지 못하고 변명만 하는 직원들을 정리하고 보니 두 달도 채 안 되어 114장의 직원 사진 중 50여 명의 사진이 사라져 버렸다.

이후 거의 매일 면접을 진행했고, 면접을 통한 직원채용은 나의 중요한 일과 중 하나가 되었다.

당시에는 중국어를 거의 못했는데 지금 생각하면 통역을 통해 면접을 보는 일은 매우 어렵고도 무모한 일이었다. 다시 생각해도 그때 나는 너무 용감했다.

무모한 시도였지만 시간이 지나면서 점점 반듯한 인력들을 채용해 나갔고 면접 적중률도 높아졌다.

면접을 볼 때는 나름의 원칙이 있었다.

반드시 세 가지 원칙에 대해서는 설명을 해주고 피면접자에게 동의하고 동참할 수 있는지를 꼭 물어보았다.

세 가지 원칙 중 첫 번째는 업무의 전문성과 경험이 있는가였다. 물론 막 졸업했거나 업종을 바꾼 경우라면 교육을 통해 전문성을 보완할 충분한 기회를 줄 수 있다고도 했다.

두 번째는 성실한 업무 실행력(중국에서는 집행력執行力이라고 함)을 보여줄 수 있느냐였다.

근무자들이 책상에서 웹서핑을 하는지 일을 하는지 알 수 없고, 외근사원들의 경우에는 업무시간에 은행, PC방, 사우나와 같은 데서 개인적인 시간을 보내는지 속속들이 알 수 없다. 그들의 정직성, 성실성을 믿는 수밖에는 도리가 없는 것이다. 피면접자에게 그러한 면에서 성실성을 보여줄 수 있는지 오픈해서 질문했다.

마지막으로는 업무 태도에 관한 질문인데, 어떠한 어려운 일이라도 회사 결정을 따를 수 있느냐를 물었다. 순서상 마지막으로 묻긴 했지만 사실 가장 중요한 항목이다. 회사(본부장)에서 결정한 일에 대해 긍정적이고 적극적인 자세로 임한다는 것은 매우 중요한 일이기 때문이다.

'새 술은 새 부대에'라는 말처럼 지속적인 면접을 통해 새 조직의 진용을 빠르게 갖추어 나갔다. 그들과 함께 고생하며 성과를 내다보니 자신감은 점점 커졌다. 새로 합류하는 직원들 역시 빠르게 조직에 적응해 갔다.

우수 인력을 빠르게 채용하는 것, 우수 인력들을 채용해 그들이 장기 근속할 수 있도록 유지하는 것은 매우 중요하다. 그렇다고 해서 우수 인력들만 주목해서도 안 된다. 허리 인력과 숨은 일꾼들에게도 시선을 주어야 한다. 결론적으로 부문별로 균형감 있게 인력을 채용하는 것이 무엇보다 중요하다.

아울러 직원들을 아끼는 마음, 직원들과 하나 되려는 노력이 있어야 하며, 직원들의 잠재력을 성장시키기 위한 코칭이 끊임없이 이루어져야 할 것이다.

업무 프로세스를 구축하라!

한국 본사의 비전, 미션, 근무강령 및 제도와 정책들을 모두 중국에 이전하는 작업을 해야 한다. 여기서 중요한 것은 현지상황을 십분 이해한 상황에서 현지에 맞는 프로세스를 구축해야 한다는 점이다.

쉬운 예로 수시로 지각하는 직원을 어떻게 할 것인가를 생각해보자. 그런데 그 직원이 우수한 인재라면 고민이 깊어질 수밖에 없다.

한때 우수한 사업성과를 보여주었던 북경 판사처장(한국이라면 서울지역 영업담당 부장)의 이야기이기도 하다.

그는 항상 출근시간 8시 30분에 세이프하며 들어오는 경우가 잦았다. 당시에는 '지각 3번, 삼진 아웃제'를 포함한 '근무 10대 원칙'이 내부적으로 운영되던 시기였다. 늘 아슬아슬하게 출근하던 그가 비가 오는 어느 날에 세 번째 지각을 하고야 말았다. 북경 판사처장은 사무실로 들어오며 얼굴을 들지 못했다. 본인이 먼저 삼진 아웃에 걸렸다는 사실을 알았을 것이다. 모든 직원들의 관심이 향후 그가 어떻게 처리될지에 쏠렸다.

사실 그는 업무 전문성이나 성과로 보면 우수 인력이어서 퇴직 처리하기는 아까운 직원이었다. 그러나 조직의 규칙이었기에 본인과 면담하고 그 다음날 해고 처리했다.

모든 직원들이 놀라는 분위기였다. 그 사건으로 인해 내부 분위기는 잡혔다. 직원들 출근시간은 누가 시키지 않아도 자연스럽게 15분 이상 앞당겨졌다.

모든 정책과 제도를 중국 현지에 맞게 재작업하고 업무프로세스(회의방식, 보고체계 등)를 빠르게 구축하는 것은, 고객을 분석하고 경쟁사와 경쟁하는 것 못지않게 중요한 작업이다.

중국에서의 사업은 인력을 육성하고 프로세스를 구축하는 일만 제대로 된다면 사업의 1/3 이상은 성공한 것이나 마찬가지다. 그때부터는 시간문제일 뿐이다.

8

뛰면서
줄 맞춰라!

중국에서 사업을 하려면 항상 긴장감을 늦추지 말아야 한다. 유수한 선발업체와 경쟁업체들이 더 나은, 또 다른 제품 전략, 지역 전략, 채널 전략을 준비하고 실행해 나가기 때문이다.

모든 사업이 그렇겠지만 중국 사업에서는 특히 '속도전(Speed)'이 중요하다.

우리가 준비하는 사이 경쟁업체는 더 빨리 치고 나가기 때문에 시간적 여유가 없다. 이런 사실을 명심하면서 속도전에 임할 각오를 해야 한다.

뛰면서 줄 맞춰라!

줄을 맞춘 뒤 뛰면 좋겠지만 그럴 시간이 절대 부족하다는 것을 명심해야 한다. 줄 맞추다 보면 줄을 맞추는데 의외로 많은 시간이 소요된다. 누가 줄이 틀렸는지(준비를 잘못했거나 덜 했는지)를 따지다보면 속도전에서 뒤처지게 된다는 말이다.

준비가 좀 부족하더라도 일단 뛰어가면서 앞과 뒤, 좌우에 맞게 자신의 위치를 찾아야 한다. 뛰다보면 자기가 어디쯤 서야할지 알게 되고 빠르게 줄을 맞출 수 있게 된다. 전체 대열의 뛰는 속도도 맞추면서 말이다.

뛰면서 줄 맞추기 위해서는 무엇보다 리더의 강한 추진력이 있어야 하며 더불어 전 조직 구성원의 실행력도 뒷받침되어야 한다.

실행력! 앞서 언급했지만 중국어로는 집행력執行力이라고 하는데, 집행력의 의미를 중국 사업에 맞게 정리하면 다음과 같다.

"지금 당장 신속하게 尽快!"
"구성원 다 함께 一起!"
"지속해서 끝까지 継续!"

"지금 당장 신속하게!"는 계획하고 준비한 사항이 있으면 최대한 빨리 실행에 옮겨야 한다는 뜻이다. 이번 달, 이번 주, 오늘, 그리고 지금 당장을 말한다. 머뭇거릴 시간이 없다.

한국 사람들의 '빨리빨리 정신'이 비판을 받고 있지만 사실 중국 글로벌 사업에서는 꽤나 적합한 정신이다.

"구성원 다 함께!"는 리더 혼자가 아닌 전 조직 구성원들이 비전과 목표를 공유해야 한다는 것이다. 이러한 공유는 한국인들만이 아닌 중국 현지인들까지도 포함된다.

중국말에 '말하기는 쉽지만 실행하기는 어렵다'는 말이 있다. 모든 사업이 그렇겠지만 비전과 목표를 공유하고 다함께 실행해 나가는 것은 결코 쉬운 작업이 아니다. 수시로 점검해야할 부분이기도 하다.

"지속해서 끝까지!"는 일단 일을 시작하면 중간에 여러 사업 환경이나 경쟁여건이 변하더라도 끝까지 지속적으로 밀고 나가야 한다는 것이다. 한국인들은 불 같은 성격 때문에 시작은 거창하게 하지만 끝까지 지속해 나가는 인내와 끈기는 좀 부족한 것이 사실이다. 중국 현지인들도 한국인들의 조급함이나 한국 조직의 특수한 성격을 잘 알고 있다.

지속성을 갖고 사업을 추진해 간다는 것은 구성원들과의 또 다른 많은 커뮤니케이션이 필요한 부분이므로 다양한 커뮤니케이션을 통해 자연스럽게 일체감이 형성될 수 있도록 해야 할 것이다.

"지금 당장 신속하게!, 구성원 다 함께!, 지속해서 끝까지!"의 실행력을 갖고 전 조직이 뛰면서 줄 맞춰 나간다면 속도전에서 승리할 수 있을 것이다.

명함부터 정성을 담아라

한국에서 영업을 담당할 때 나는 첫 만남을 위해 많은 준비를 했다.

비즈니스 세계에서 명함을 주고받는 행위는 항상 이루어지는 일이다. 때문에 명함을 주고받을 때에 상대방에게 느끼는 첫 인상은 매우 중요하다.

한국에서 명함을 주고받는 첫 미팅 때는 항상 긴장했던 것 같다. 여기서의 긴장은 낯가림 때문에 오는 긴장이 아니라 명함을 주고받는 불과 몇 초 사이 상대방의 이름과 직책을 외워야 한다는 데서 오는 긴장감이었다.

나는 명함을 받으면 이름과 직책을 외워버렸다. 잠시 후 어느 정도 대화가 진행됐을 즈음 처음 만난 사람이지만 내가 슬쩍 상대방의 이름을 말하며 화제를 바꾸면 대부분의 사람들은 움찔 놀라는 모습을 보였다. 그 이후로 화제를 주도하며 첫 만남이지만 어색하지 않은 자리로 이어졌던 기억이 제법 많았다.

중국에 주재원으로 와서도 처음에는 한국에서와 동일한 방법을 시도했다. 그런데 준비한 만큼 제대로 효과를 본 경우가 많지 않았다.

우선은 중국 명함에 있는 이름, 사명, 직책이 읽기에 너무 어려웠다. 한국에서는 듣도 보도 못한 이름이 상당히 많고, 정부나 기업체에서 사용하는 직급 체계도 한국과는 많이 달랐다.

그리고 예상했던 참석자보다 항상 더 많은 사람들이 참석하기 때문이었다. 그중에는 고위급은 아니지만 의사결정권자를 보좌하는 나름 중요한 직책의 사람들도 많았다.

한번 미팅에서 10여 명 가까운 사람을 만난다고 생각해보라.

결국 나는 사전에 가능한 한 참석자의 이름과 직책을 미리 외워서 첫 미팅을 가졌는데, 그 이후부터는 좀 나아졌다.

반대의 경우를 한번 생각해보자.

한국에서 중국 출장자로 처음 중방 측을 만나는 자리이다. 한국식 명함에는 보통 한글과 영문으로만 표기되어 있어 이름을 말해도 정확히 알아듣기가 쉽지 않다. 그래서 어떤 사람은 명함에 한자 이름을 만들어 중국으로 나오는 사람도 있다.

그런데 여기서도 주의를 기울여야 할 부분이 있다. 중국은 번자체가 아닌 간자체를 사용하는데 한국식 한자인 번자체로 새기면 중국인들이 알기 어렵다는 것이다. 실제 번자체로 새긴 명함을 들고 오는 경우가 허다하다.

또한 중국은 보통 자기 이름을 소개할 때 비슷한 발음의 다른 글자로 오인되는 것을 피하기 위해 이름을 한 글자씩 풀어서 설명하는 경우가 많다. 예를 들어 내 이름 한광희韓廣熙를 소개한다면, "한국韓國의 한韓, 광주廣州의 광廣…"하는 식으로 말이다.

비록 중국어를 잘 못하지만 간자체로 표기된 명함을 준비하고 본인의 이름을 풀어서 멋지게 소개한다면 받아들이는 중국 상대방 측은 분명 호감을 가지게 될 것이다.

그리고 미팅 후에는 휴대폰 문자로 간단히 감사의 표시를 전달한다면 더더욱 좋다. 물론 사업과 미팅의 성공여부는 여러 다른 요인들이 복합적으로 작용하겠지만 명함 하나부터 정성을 기울이는 자세가 중국 비즈니스의 가장 기본이라는 생각이다.

9

1선 도시를 공략할 것인가,
2·3선 도시를 공략할 것인가

중국 사업을 준비하면서 항상 고민했던 문제는 "어디를 목표로 공략할 것인가?"였다. 그 대명제 안에는 1선급 도시로 갈 것인가, 2·3선급 도시로 갈 것인가 하는 현실적인 과제가 내재되어 있었다.

이 부분은 매우 중요한 결정사항이다. 어떠한 결정을 내리게 되면 결정에 따른 전략과 전술은 물론 수반된 영업정책들이 모두 연결되기 때문이다.

업종별 생태계, 시장상황과 경쟁여건이 다르긴 하지만 대체적으로 고민하는 부분은 이런 것이다.

1선 도시를 공략한다고 가정하면, 1선 도시는 인구, 경제수준, 시장 매력도가 매우 큰 편이다. 경우에 따라서는 프리미엄 고급전략도 구사할 수 있다. 1선 도시에서 성공사례를 만들고 그를 기반으로 2선, 3선으로 확대해 나가는 전략도 수립할 수 있게 된다. 아마도 1선 도시에서 성공하는 것을 한국 본사에서도 바라고 더 기대감을 가질지도 모르겠다.

그러나 1선 도시에는 이미 로컬업체 및 글로벌 경쟁업체가 모두 진입해 있고 매력 있는 시장자체가 이미 성숙단계 또는 포화상태에 머물러 있다는 단점이 있다.

3선 도시를 타겟으로 할 경우는 또 다르다. 중국 전체로 볼 때 도시화율이 55% 대 이상인데 향후 3선 도시는 지속적으로 시장 확대가 예상되고, 아직 경쟁 정도도 약하며 진입장벽도 그리 크지 않다는 장점이 있다.

반면에 시장규모가 생각보다는 크지 않고 경제수준도 1선 도시와 차이가 커서 당초 세운 모든 전략(때로는 프리미엄 전략)의 성공여부가 불투명해질 수도 있다.

북경, 상해, 광주, 심천 4대 도시를 공략할 것인가, GDP 1만 불 이상인 10대 도시를 공략할 것인가, 각 성省별 성도省都를 공략할 것인가?

1선 도시를 공략해 성공시킨 후 2~3선 도시로 빠르게 확장할 것인가, 아니면 2~3선 도시를 공략해 성공한 이후 1선 도시로 우회해 진입할 것인가?

여기서 간과해서는 안 되는 사항이 있다.

* 지사 설립, 강한 지역별 경쟁자, 인력 충원, 마케팅 자원들이 연동
  되어 준비되어 있는가?
* 2~3선 도시를 대상으로 할 경우 한국적 개념으로 외곽지역이라고
  과소평가하고 있지는 않는가?
* 과연 1선부터 3선급 도시까지 동시에 전략을 수행할 준비는 되어
  있는가?
* 어떤 전략을 성공했을 때 경쟁자들에 대한 진입장벽이 높은가, 아
  니면 언제든 반격을 받을 소지가 있는가?
* 해당지역의 수많은 정부 유관 부문(공상국, 소방국, 위생국, 세무서, 은행
  등)의 네트워크에 대한 준비는 어떠한가?

중국의 2·3선급 도시를 좀더 보충 설명하면 이렇다.

중국 통계자료가 상이하고 다양하지만 크게 보면 전국에 1~1.5선급
도시가 10~12개, 2~2.5선급 도시가 40여 개, 3~3.5선급 도시가 150여
개 정도 된다.

산서성 성도省都인 태원太原, 해남도 성도인 하이코우海口, 내몽고 성
도인 후하오트어呼和浩特가 2.5선급 도시이고, 길림성 성도인 길림吉林,
요녕성 단동, 강서성 연운항, 광동성 강문 등이 3선급 도시이다.

GDP 1만 불 이하이면 왠지 작은 시장 같다. 그러나 3선급 도시 인구
가 200~300만 명인 것을 안다면 시장이 작다고 말할 수 없다. 한국의
제주도 인구가 60만 명이 채 되지 않는 것을 감안하면 이해가 빠를 것

이다.

더 큰 오류는 마음만 먹으면 3선급 도시쯤은 쉽게 성공할 수 있을 것이라는 착각이다.

결코 그렇지 않다. 3선급 도시의 경쟁도 1선급에는 미치지 못하지만 수많은 지역 토호세력과 경쟁업체들이 존재한다는 사실을 알아야 한다.

1선급 도시를 공략할 것인가, 아니면 2·3선급 도시를 공략하고 1선급 도시를 우회해서 공략할 것인가에 대한 정답은 없다.

하지만 1선급 도시 진출에 어려움이 많겠지만 우선 1선급 도시에 모든 역량을 집중하여 진입할 것을 추천한다. 1선급 도시에서 성공스토리를 확고히 구축한 후 거기서 나온 성공경험과 자신감을 기반으로, 2·3선급 도시로 신속하게 사업을 확대해 나가는 것이다. 지금 이 순간에도 경쟁자들은 3선급 진입을 적극 검토 중일 수 있다. 신속한 사업 확대를 위해서는 사전에 2·3선급 도시 진입에 대한 철저한 준비와 계획도 있어야 할 것이다.

10

본사와 사업장은
대도시에 마련하라

　중국에 진출하려면 본사와 사업장(공장)의 위치를 어디로 할 것인지 수많은 검토를 하게 된다.

　본격적인 사업을 위해서는 법인설립과 동시에 본사 사무실을 정해야 하는데, 결론부터 말하면 북경, 상해 등 지명도가 높은 대도시에 진출하라고 조언한다.

　서울 강남에 대기업 본사와 서치펌, 벤처기업의 사무실들이 있는 것과 같은 이유다.

　물론 북경, 상해 대도시의 주요 오피스 건물에 들어가려면 사업 초기부터 임대료 등 고정비용이 부담이 될 수 있다.

　한국 본사와 출장자들은 중국 대도시에 있는 사무실을 보고 사업 규모도 작고 사업 초반인데 사무실만 좋은 것 아니냐고 핀잔을 주는 경우가 있다. 하지만 사업을 2~3년 하다 말 것도 아니기에 중국에 총력을 기울이기 위해서는 투자가 필요한 부분이다.

그들의 말도 일리는 있다. 그렇기 때문에 빠르게 사업을 안정화시키고 확대해 비용적인 부담을 최소화시켜야 함은 아무리 강조해도 지나치지 않다.

무역업, 제조업, 문화사업 등 업종별로 차이는 있겠지만 북경 또는 상해로 진출할 것을 적극 추천한다. 그 이유는 아래와 같다.

첫째, 동종업계와 유관된 정부의 모든 부처와 네트워크 기반이 구축되어 있다.

둘째, 경쟁사들의 본사도 동일 도시 내에 있기에 경쟁 상황을 파악하기가 더 쉽다.

셋째, 우수한 직원들을 채용하는데 도움이 된다.

넷째, 사업을 소개할 때 본사의 위치만으로도 통通하거나 실제 의사소통이 용이하다.

다섯째, 다른 지역으로 사업을 확대할 경우 지사 설립이 용이하다.

중국에서 본사 위치를 지역의 외곽에 잡았다가 후회하는 기업, 사무실 규모가 협소하여 수시로 이전하는 기업들을 많이 보았다.

전 세계 맥도날드 점포수가 3만5천 개가 넘고 KFC는 2만여 개 정도로 맥도날드 점포수가 훨씬 많다. 하지만 중국에는 KFC가 5천여 개이고 맥도날드가 그 절반 정도 밖에 되지 않는다. 맥도날드가 3년 정도 늦게 중국에 진출한 이유도 있지만 본사를 처음부터 광동성 심천에 둔 것이 더 큰 이유였다. 맥도날드가 심천에 본사를 두었기 때문에 공급상 및 거래처와의 커뮤니케이션이 쉽지 않았다는 얘기를 들었다.

사업장(공장)의 위치도 매우 중요하다.
사업장 위치를 정할 때의 주요 포인트와 쉽게 범할 수 있는 오류도 함께 생각해 보고자 한다.

* 상대적으로 부지가격이 싸다고 해서 다른 제반 여건을 간과한 것은 아닌가?
* 국내외에서 공급되는 원료, 부품, 원부자재의 수급은 용이한가?
* 외곽지역이지만 몇 년 후 도시가 확대되어 환경요인 평가에 부담이 되지는 않는가?
* 한국을 포함한 해외지역과의 In-bound & Out-bound 관련된 제반 사항을 확인했는가?
* 중국 본사와의 거리상 문제로 생기는 시간적인 loss 부담은 적은가?
* 국내사업 확대 시 지역까지 커버 가능한 광역 물류를 제대로 반영하고 있는가?
* 중국사업 확대 시 제 2공장, 제 3공장의 입지도 사전에 고려하고

있는가?

다양한 분석과 예리한 통찰력으로 사업장을 선정하고 지역 정부와의 네트워크까지도 잘 구축한 사업장이 많다. 거기다 사업장의 부지가격이 급등하여 부동산 시세 차이로 인한 수익을 올리는 기업도 보았다.

반면에 일시적인 세제 혜택이나 보조금 지원 때문에 선정했다가 나중에 지원이 없어져 낭패를 보는 기업, 원료나 부품 등의 통관이 잘 안되어 매번 고생하는 기업, 제품 생산 후 사업장에서 지역까지 물류에 어려움을 겪는 기업, 부지 근처에 아파트(또는 전철역)가 들어서서 이전해야 하는 기업들도 많이 보았다.

본사 사무실과 사업장의 위치를 정함에 있어 지금까지 나열한 고려요소나 사례들을 참고하여 신중하게 결정해야 할 것이다.

커뮤니케이션Communication

의사소통을 의미하는 커뮤니케이션Communication과 동일한 중국말은 '꼬우통 沟通'이다.

사업을 하면서 고객, 다른 사람, 상하간의 커뮤니케이션의 중요성은 아무리 강조해도 지나치지 않다.

오래된 일 하나를 소개하고자 한다.

30여 년 전 군대에서 소대장직을 맡고 있을 때 새롭게 부대 사단장이 왔다.

사단장은 별 두 개의 장군 '소장'을 말한다.

사단장 주관 하에 참모들과 회의를 하던 중 사단장이 각 부대별로 정원 환경을 개선해 부대원들의 정서적 사기를 높여주라고 지시했다.

지시가 하달된 후 한 달 동안 모든 부대가 경쟁적으로 환경개선을 해나갔다.

각이 멋있는 기암괴석들도 세웠다. 정원이 정리되니 어느 자연공원에 견주어도 손색이 없을 만큼 멋진 정원으로 변신했다.

이후 사단장이 각 부대를 시찰하는 날,

열심히 준비한 각 부대장들은 칭찬받을 것이라는 기대에 부풀어 있었다.

하지만 사단장은 불편한 표정을 지으며 말했다.

"정원에 이렇게 뾰족한 각이 있는 돌들은 위험합니다. 내가 말한 돌은 둥글고 큼지막한 호박돌이었는데….."

이후 모든 부대가 기암괴석을 철수시키고 다시 둥글둥글한 호박돌로 정원을 꾸몄다.

이런 웃지 못할 에피소드가 30여 년 전 군대에서만 있었을까?

중국 사업에서도 이 같이 커뮤니케이션이 안 되는 상황이 많이 벌어지지는 않는가?

고객과 경쟁사가 시시각각 변해가고 있는 중국 대륙에서 한두 번 현장을 가보고, 어떤 경우에는 현장을 가보지도 않고 쉽게 판단하는 오류, 보고서에 명시된 마켓 센싱Market sensing과 경쟁사 분석이 상세하지 못함을 알면서도 화상회의를 통해 지시하고 쉽게 의사결정까지 내리는 무모함, 그리고 중국어로 정확한 의사소통이 안 되는 상황에서 벌어지는 수많은 웃지 못할 일들….

정확한 '커뮤니케이션'의 의미는 사업의 목표, 시간, 비용 등 모든 것이 정확히 전달되는 것이다.

다시 한 번 고객과의 커뮤니케이션, 직원과의 커뮤니케이션에 대해 겸허하게 생각해 볼 필요가 있다.

11

대금·채권관리는 타이트하게, 마케팅은 현지인을 활용하라

중국에서 사업을 하는 기업이나 개인 사업자들에게 영업 부문에서 가장 큰 현안이 무엇일까? 열이면 열 어떻게 하면 제때 제대로 수금할지와 어떻게 효과적으로 마케팅활동을 할 것인가에 대한 문제일 것이다.

채권관리는 정책적으로 운영하라!

매달 받는 급여가 제때 지급되지 않는다면 이해할 수 있겠는가? 급여는 한 달 노동의 대가이자 앞으로 한 달을 버텨야 하는 자금이다. 그런 급여를 미루거나 주지 않는다면 노동력을 제공한 사람으로서는 용납하기 어렵다.

그런데 사업을 하다보면 이런 일이 많이 일어난다. 제품이나 용역을 제공한 후 그에 해당하는 대금결제가 당연히 이루어져야 함에도 실제 제때 제대로 수금하려면 돌발변수들이 많이 발생한다. 영업의 최종적인 활동은 대금을 수금하고 채권을 관리하는 것이다. 그런데 계획만큼 쉽지가 않다.

문제는 상대방이 실수로 대금결제가 늦어지는 경우도 있겠지만 때로는 고의로 대금을 미루는 경우도 있다는 사실이다. 중국에 진출한 대기업과 중소기업 그리고 개인 사업자들이 제때에 대금을 받지 못하고 오히려 주객이 전도되어 사정을 하며 수금을 했던 사례들을 들은 적이 있다.

그러한 문제를 예방하기 위해서라도 채권관리는 정책적으로 운영해야 하고 모든 대금결제는 원칙적으로 타이트Tight하게 관리되어야 한다.

채권을 실행할 수 없거나 대금결제를 불이행하였을 경우를 대비해 계약서상에 페널티조항을 명확히 명시함은 물론, 상대방이 위반했을 시에는 강력한 조치와 대응이 뒤따른다는 사실을 분명히 해 놓아야 하고 또 실제 강력한 조치가 따라야 한다.

조미료 사업을 했을 때, 우리 회사는 대형슈퍼의 경우는 적정 여신을 부여한 후 여신관리를 했고, 경소상(대리상)은 제품 대금에 대해 '선입금 정책'을 운영했다. 처음에는 인지도가 낮은 중소기업 규모 정도였던 당사가 선입금 정책을 실시한다고 하자 반발이 무척 심했다. 아예 무시하고 거래를 하지 않겠다는 업체도 생겼고, 직원들마저 이번만 양보하면 안 되겠느냐고 오히려 나를 설득하기도 했다. 하지만 채권관리에 대한 나의 원칙은 단호했고 끝까지 변함이 없었다. 그러자 경소상 유통업계에서 "그 회사는 제품을 받을 때 선입금을 주어야 한다"는 말이 불문율처럼 퍼지기 시작했다. 선입금 정책이 완성될 때까지 어려움은 참으로 많았다.

조미료 업계는 복건성, 광동성 경소상인들이 거의 중국 전역의 대부분을 점유하고 있었다.

한번은 북경의 경소상이 내게 이런 이야기를 해 주었다.

복건성으로 고향이 같았던 광동성 심천 모 경소상이 우리 회사의 선입금 정책에 대해 물어보며 어떻게 해야 하느냐고 묻기에 그는 "그 회사는 그렇게 해야 한다"고 답했다고 한다. 당시 우리 회사는 광동성의 광주, 심천, 동관 지역에 영업전선을 확대하던 중이었다. 한때 선입금 정책을 못마땅해 하던 북경 경소상이 이렇게 큰 우군이 되어 돌아올 줄은 몰랐다.

갈등이 어느 정도였느냐 하면, 북경의 모 경소상과 선입금 결제정책 문제로 협상이 결렬된 후 식사를 함께 할 일이 생겼다. 계획된 일이었기에 예정대로 경소상이 준비한 중식당에서 저녁식사를 함께 하게 되었는데, 십여 명이 모인 자리에서 첫 맥주잔을 어설프게 부딪친 후 30여 분간 서로 단 한 마디도 나누지 않았다. 끝내 그 경소상과는 함께 사업을 하지는 못했다. 그러나 전화위복이 되어 그 후 더 큰 경소상을 파트너로 만나게 되었다.

나는 알고 있었다. 대금이 한 번 미뤄지면 두 번째부터는 결제할 대금 규모가 커져서 점점 더 제때 결제가 어려워진다는 사실을. 또한 대금결제를 늦추어 주면 겉으로는 고마워하면서도 속으로는 "이 회사가 무르구나. 앞으로도 대금을 늦출 수 있겠네"라고 생각해 버린다. 반면 대금결제를 원칙적이고 예외가 없도록 지켜 나가면 비록 앞에서 얼굴을 붉힐지언정 속으로는 "원칙과 정책이 확실하네"라고 생각하게 된다는 것이다.

마케팅 활동은 현지인 의견을 적극 반영하라!

마케팅 활동을 효과적으로 잘 하면 그만큼 영업활동에 탄력이 붙고 계획된 모든 정책이 순조롭게 진행될 수 있다. 마케팅은 TV광고, 인쇄물 등을 모함한 ATL(Above the Line)과 뒷단의 대소비자 활동인 BTL(Below the Line)로 이루어져 있는데 여기서는 큰 비용이 드는 ATL이 아닌 적정 예산으로 효과적이면서도 지역과 상권 단위로 전개할 수 있는 BTL 마케팅 활동을 중심으로 얘기하고자 한다.

마케팅 부문에 대한 기본적인 내 생각은, 마케팅 조직은 현지인으로 구성하고 그들의 의견을 적극 반영한 마케팅 활동을 해야 한다는 것이다. 사업전략을 수립하고 TV광고를 결정하는 것은 주재원이 크게 관여

하고 결정할 일이지만 일반 마케팅 활동은 중국 현지인이 중국인 고객에 맞게 마케팅 활동을 전개해야 한다.

한국에서 효과가 컸던 마케팅 기법이 중국에서도 통하리라고 기대해서도 안 된다. 중국 고객의 다양한 니즈Needs를 파악하는 것이 어려운 만큼 고객 맞춤형 마케팅 활동은 현지인에게 맡기는 것이 좋다. 이 부분은 현지인이 더 잘 할 수 있는 분야인 것이다.

중국에는 한국에서는 들도 보도 못한 다양하고 기발한 마케팅 기법이 너무나도 많다.

예를 들어 온라인 또는 휴대폰 상으로 홍빠오(紅包, 격려금) 프로모션을 하는 경우가 있다. 중국 돈 1만 위안元을 멤버십 회원 천 명에게 복권 형태로 동시에 나누어 주는 판촉인데 휴대폰상 자동으로 어떤 사람에게는 100위안이, 어떤 사람에게는 30위안이 순간 적립되는 형태다. 적립되는 금액이 많고 적음을 떠나 회원들의 관심도가 크고 참여도가 높은 프로모션 기법 중 하나이다.

오픈식 행사라면 손님들이 들어올 때 휴대폰으로 행사내용을 스캔하도록 해 행운권 추첨 기회를 주는 방법도 있다. 그렇게 하면 자연스럽게 손님들의 휴대폰 아이디ID가 수집돼 참가한 모든 사람들의 휴대폰 아이디가 전면 전광판에 맴돌면서 기대감을 갖게 한다. 사회자나 추첨 담당 인사가 스톱Stop을 외치면 그 순간에 당첨자와 상금이 확정되는 형태다.

중국의 모 회사 상장하는 날, 증권거래소에 초청장을 받고 간적이 있었다.

이 행사장 안에는 현대적인 무대 설치와 함께 온통 보리 싹으로 도배해 놓다시피 했다.

보리는 보리를 뜻하는 '마이'의 발음이 '많이 팔다'는 뜻의 '따마이'와 유사해 중국식 행사장에는 제법 많이 등장하는 연출물이다. 오래전부터 알고는 있었지만 실제 눈으로 보기는 처음이었다.

이러한 다양한 형태의 연출물과 참신한 마케팅 프로모션 기법들은 지금도 경쟁적으로 생겨나고 있다.

최근 들어 모든 업종이나 분야에서 멤버십 회원 유치를 위한 활동과 회원들을 리텐션Retention 하는 활동들이 많은데, 이것은 IT를 기반으로 하기 때문에 적지 않은 예산이 들지만 필수 투자항목이라는 생각이 든다. 고객 데이터베이스는 중국에서도 가장 강력한 마케팅 도구Tool가 될 것이기 때문이다.

업종별 마케팅 활동과 프로모션 기법이 차이가 있고 매우 다양하겠지만 기본적으로 마케팅 활동은 중국 현지인의 의견이 적극 반영되고 현지인에 의해 주도적으로 운영되어야 한다는 지론이다. 그래야 경쟁사 마케팅 활동도 정확히 파악되면서 가장 효과적인 마케팅 프로모션이 운영될 수 있기 때문이다.

12

현지 직원들과
커뮤니케이션을 강화하라

사업을 하게 되면 대외적인 고객과의 커뮤니케이션은 물론 직원들과의 커뮤니케이션 또한 매우 중요하다. 직원들과의 커뮤니케이션은 그러면 어떻게 해나가야 할까?

혹시 한국사람 위주로 회의를 주재하고 그 결과를 일방적으로 직원들에게 지시하지는 않는가?

현지 직원들은 어찌 보면 현지 전문가들이다. 그들과 함께, 그들을 통해 사업을 해나가야 하는데 실제 현지 직원들을 십분 활용하고 있는지에 대해서는 의구심이 든다.

'모키타'라는 말이 있다.

뉴기니 원주민 언어로 '누구나 알지만 아무도 얘기하지 않는 진실'을 뜻한다.

어쩌면 '모키타'처럼 현지 중국 직원들은 이미 사실과 진실을 알면서 입을 닫고 있는지도 모른다. 사업 추진 방향이 제대로 된 것인지, 잘못된 것인지, 가장 빠른 방법인지를 그들은 어쩌면 알고 있을지 모른다.

그런데도 직원과의 소통 부족으로 소통이 잘 되었다면 겪지 않아도 될 시행착오를 겪고 있는 것은 아닌지 돌아보아야 한다. 물론 한국인들의 추진력은 중국 현지 직원들과 비교할 수 없을 정도로 빠르고 우수하다. 그렇더라도 현지 직원들과의 소통 없이는 빛을 발하기 어렵다는 것을 알아야 한다.

현지 직원들과는 수시로 회의를 하고, 한국에서 나온 출장자들도 간담회나 식사를 같이 한다. 법인장은 계층별로 돌아가며 식사를 한다. 언뜻 보기에는 잘 하고 있는 것 같지만 이렇게 회의하고 식사를 한다고 해서 완벽하게 그들을 관리하고 있는 것인지는 생각해 봐야할 문제다.

관건은 직원들이 참신하고 예리한 아이디어를 내놓느냐, 직원들의 의견이 사업에 적극 반영되고 있느냐이다.

중국 직원들과의 커뮤니케이션 방식은 크게 세 가지 정도다.

일로 하는 방법, 말로 하는 방법, 몸으로 하는 방법이다.

이 중 몸으로 하는 커뮤니케이션은 한국 사람들이 가장 잘하는 방법이어서 크게 문제되지 않는다. 저녁을 함께 먹고 술도 같이 마시고 동호회 활동을 하는 방식들이 여기에 해당된다. 또한 식사하며 친해지는 과정도 중요하지만 과음 후 다음날 정시에 출근해 평소처럼 흐트러짐 없이 근무하는 모습을 보여주는 것도 한국 사람들의 무언의 커뮤니케이션 방법이라고 볼 수 있다.

말로 하는 커뮤니케이션은 수시로 회의를 통해 부여된 목표나 프로젝트의 정확한 배경을 설명하고 그들의 의견을 반영하며, 진척도에 따라 함께 분석하고 검토하는 방법일 것이다. 물론 잘하는 부문도 있고, 잘하는 팀장도 많겠지만 여기서는 무엇보다도 커뮤니케이션 스킬Skill이 중요하다. 왜냐하면 현지 직원들이 반대 의견이나 다른 의견을 내는 경우도 종종 있기 때문이다.

일로 하는 커뮤니케이션은 얼핏 보면 말로 하는 커뮤니케이션과 유사해 보이지만 여기에는 한국인의 솔선수범과 신뢰가 추가되어야 한다.

직원들의 의견을 적극 반영한 과감한 의사결정이 이루어지는지, 직원들이 주체가 되어 실행력을 발휘하도록 하는지, 항상 직원들을 생각하고 배려하고 코칭하고 있음을 직원들이 느끼도록 하는지를 점검해봐야 한다.

이렇게 되기 위해서는 진정으로 직원들의 능력향상에 많은 시간을 투자해야 하고, 현지 인력이야말로 사업을 성공시키는 원동력이라는 생각을 가지고 있어야 한다.

다단계 면접 이후 경력사원이 최종 확정되어 내 집무실에 인사하러 오면 반드시 전하는 말이 있다

"한 가족이 된 것을 진심으로 축하합니다. 진정으로 역량을 발휘하기를 기대합니다. 스스로 해결하기 어려운 일이 생기면 언제든 나를 찾아오십시오. 중요한 것은 당신은 우리 회사를 보고 지원을 했지만 나는 바로 당신을 선택한 것입니다."

추석에도 벼는 자란다

모某 대학 대학원 연구 과정에 있는 조교에게 있었던 일이다.

이 조교의 프로젝트는 '대량생산 신종 벼'였다.

생산량이 높고, 생육조건을 가리지 않으며, 성장속도가 빠른 신종 벼를 연구하는 프로젝트였다.

매일같이 그는 낱알의 수와 낱알의 크기를 살펴보았다.

덕분에 신종 벼는 일반 벼보다 낱알이 두 배로 많고 더 잘 자라는 우수 품종임이 확실시 되어가고 있었다.

그런데 조교에게 개인적인 문제가 생겼다. 한동안 고향에 가지 못했는데 다가오는 추석에 집안에 중요한 행사가 생긴 것이다. 프로젝트도 중요하고 고향집도 가야하는 조교는 고민했다.

그가 그렇게 고민하는 이유는 그의 담당교수가 엄하기로 소문난 호랑이 교수였기 때문이다.

평소 같으면 말도 못 꺼냈겠지만 고향에서 간절히 기다리시는 부모님을 생각하며 몇 번을 고민하다가 용기를 내어 교수를 찾아갔다.

"교수님!"

"왜? 프로젝트에 무슨 문제라도 있나?"

"이번 추석에 집에 중요한 일이 있는데 며칠만 집에 다녀오면 안 되겠습니까?"

잠시 그를 지켜보던 호랑이 교수가 하는 말,

"이 사람아. 추석이라고 벼가 안 자라겠는가?"

그렇다. 특히 중국 사업을 함에 있어서 제아무리 On-line이 발달해 신속한 대책 강구가 가능하다 해도, 주말, 공휴일, 명절일지라도, 현장을 지키는 역할과 사람은 반드시 있어야 한다. 모두 현장을 지킬 필요는 없지만 영업이든 마케팅이든 IT 부문이든 당직을 맡는 부문과 현장을 지키는 인력이 꼭 필요하다.

더불어 지름길만을 찾기보다 소처럼 뚜벅뚜벅 거르지 않고 걸어가는 것 또한 사업의 왕도王道가 아닐까 한다.

13

팀워크와 서비스도
큰 경쟁력이다

중국인들이 잘하는 스포츠들을 보면 탁구, 배드민턴, 체조, 다이빙 등 대부분 한두 명이 하는 종목들이다. 반면 축구, 배구, 농구 등 5인 이상의 구기 종목은 메달과는 거리가 있다(중국에 야구는 없다). 최근에는 거액을 주고 해외 감독이나 선수들을 영입하기도 하고, 해외 유명구단도 직접 인수까지 하고 있다.

중국이 단체종목에서 약한 이유가 정부나 기업의 정책이나 지원이 약했거나 부족해서가 절대 아닐 것이다. 중요한 이유 중 하나는 소황제들이 애초부터 혼자만의 생활에 익숙해 단체로 하는 경기, 즉 팀워크가 필요한 운동에 약할 수밖에 없는 구조라고 한다면 지나친 비약일까?

중국은 2013년까지 1가구 1자녀 정책을 유지해 왔다. 자녀가 한 명이니 부모의 사랑을 듬뿍 받으며 자랄 수밖에 없었다. 중국의 외동아들과 외동딸들, 즉 소황제들은 형제자매가 없기 때문에 사회성이 다소 떨어지고 팀워크에도 약하지 않을까 생각해본다.

그렇다면 팀워크가 강하면 경쟁력의 우위를 차지할 수 있을까? 나의 대답은 '그렇다'이다.

사업 부문 간의 팀워크, 부문 내의 팀워크를 제대로 갖추고 사업을 추진한다면 그 성과를 기대해 볼 만하다. 너무나 당연한 이야기지만 '팀워크'는 중국 사업의 실전 역량을 논할 때 큰 경쟁력이라고 자신 있게 말할 수 있다.

중국의 고객 서비스를 어떻게 생각하는가?

한국은 고객을 응대하는 서비스 매뉴얼이 보편화되어 있다. 까다로운 고객들을 대할 때도 매우 친절하다. 편의점에서 일하는 알바생들까지 고객에게 먼저 인사를 건네는 습관이 되어 있고, 택시를 타도 마찬가지다.

그런데 중국의 실상은 한국과 차이가 있다.

별도의 차* 마시는 테이블과 화장실이 있는 고급 식당의 경우, 준수한 외모의 전문종업원이 메뉴 선택부터 서빙까지 도와주며 손님을 배려하는 모습을 볼 수 있다.

그러나 일반 식당에서는 그렇지 못하다. 급속하게 성장해 가는 중국인지라 하드웨어 부문에 비해 소프트웨어 부문이 한참 못 미치는 것이 현실이다. 때문에 전반적인 서비스 수준은 양호하다고 얘기할 수 없다.

한번은 상해의 새로운 명소, 세계 2위의 고층건물인 632m '상해타워'에 갔다.

화려한 상해 야경을 보러 전망대에 오르기 위해 저녁 8시 30분경 티켓을 구매하며 몇 시까지 하느냐고 물어보았다. 그랬더니 친절하게 밤 10시까지 관람이 가능하다고 말해 주었다. 고속 엘리베이터를 타고 55초 만에 상해타워 전망대에 올라가서 천천히 관람하고 있었다. 10시까지는 여유가 있어 마음 놓고 야경을 보고 있는데 9시 35분경 한 직원이 다가오더니 다짜고짜 문 닫을 시간이 다 됐다는 것이었다. 10시까지 아니냐고 반문해도 그는 대꾸도 없이 돌아서 가버렸다. 전망대에 도착한지 얼마 되지 않은 다른 서양 외국인은 실랑이를 벌였다. 마음이 많이 불편했다.

출장 때마다 공항에서 수속대를 지날 때 느끼는 불편함은 나만 느끼는 것인가?

세계 G2 국가인 중국에 걸맞는 서비스 수준을 이제는 갖추어야 한다.

지역별, 업종별로 차이는 있겠지만 최근 들어 중국도 서비스 부문을 크게 개선하고 강화해 가는 추세이다. 책으로도 소개된 '하이띠라오'라는 식당은 종업원들이 매우 즐겁고 편하게 고객을 응대해 주고 대기자를 위한 대기공간도 차별화하여 마련해주고 있다.

고객의 입장이라면 누구나 양질의 서비스를 받고 싶어 한다.

중국에서 경쟁자와 차별화 포인트로 가져갈 수 있는 전략은 바로 우수한 서비스를 제공하는 것이다.

중국에서 부족한 서비스를 개선하기 위해 업종별로 서비스 아카데미를 설립하고 운영을 검토할 것을 적극 추천한다.

중국 사업에 있어 '팀워크와 서비스'는 필수조건이면서 차별화된 큰 경쟁력이 될 수 있을 것이다.

14

정책과 제도는
현지에 맞게 운영하라

"우수인력 2명을 포함한 4~5명이 다른 회사를 알아보고 있는 것 같습니다"

인사팀장이 연초 인센티브 내역을 오픈한 후 직원들 특이사항을 추가로 보고한 내용이다. 전년 경영실적에 차질이 생긴 이후의 일이었다. 법인장인 나에게도 사실 개인 면담을 요청한 팀장급 직원이 이미 2명이나 있는 상황에서 들은 이야기라 다소 당황스러웠다.

중국은 한국과 달리 개인 신상에 관련된 사항에 대해서는 급여, 승진, 직책 등 주저하지 않고 상사에게 인터뷰를 요청하며 본인의 의견을 개진한다.

어찌 보면 한국 직원들이 오히려 너무 순진하고 착한 것인지도 모른다.

매년 경영계획을 세우고 1년 성과를 내고나면 그에 따른 목표 달성율에 따라 다음해에 인센티브, 승진, 급여 등이 연동되어 이루어지게 된다. 목표를 달성하면 그에 따른 큰 보상이 이루어지지만 미달성하게 되면 성과 인센티브도 적고 승진 등 성장기회의 폭도 적어질 수밖에 없다. 회사의 그러한 정책적인 부분에 대해 의견을 달리하고 싶은 마음은 추호도 없다.

다만 중국 사업이라는 관점에서 좀 다른 시각으로 '인센티브와 승진'에 대해서 살펴보려 한다.

우선 '인센티브' 부문을 얘기해 보자.

* 신장 폭이 크고 절대이익도 크지만 계획보다 차질이 크면 인센티브를 거의 못 받는다.

* 비록 역신장 적자 계획이더라도 목표를 달성하면 인센티브를 100% 전부 받는다.

* 미래를 준비하는 중요한 신상품 출시나 신규 오픈Open만을 담당하는 부문이 실제 초과달성 했음에도 회사 전체 경영실적이 저조하면 인센티브를 적게 받게 된다.

* 경영계획은 전체 시장을 큰폭의 신장세로 예상했지만 현실은 오히려 역신장한 경우도 있다.

* 전체 시장상황은 열악했지만 직원들이 열과 성을 다해 질적인 지표는 우수한 경우도 있다.

이러한 다양한 상황들에 직면하게 된다면 과연 어떻게 인센티브를 부여하는 것이 올바른 처리방법일까?

실제 모**업종의 제1중국 경쟁사는 전체 시장이 역신장하는 예상 밖의 시장 환경을 직면하자 내부 경영진회의를 통해 80% 이상 달성했을 경우에도 100% 달성으로 인정하고 인센티브를 정상적으로 지급해주자는 특단의 결론을 내린 적이 있다.

그렇다면 한국 기업도 그와 같은 결정을 내릴 수 있을까?

한국 본사에 이러한 특수상황을 설명하고 설득해 가는 과정도 필요하겠지만 이를 정상참작해주는 한국 본사가 과연 얼마나 될지 모르겠다.

두번째는 프로모션, 승진 부문이다.

보통 3~4월 중에 승진자 발표가 있다.

한국은 업종과 회사별로 차이가 있겠지만 한 직급 올라가는 데 걸리는 시간은 보통 3~4년 정도이다. 물론 발탁인사와 예외인사도 병행하고 있다.

문제는 중국 상황이 한국과 같을 수 없다는 점이다. 크게 급신장하는 중국 사업으로 볼 때(실제 부여되는 목표도 그러하다) 3~4년이라는 시간은 너무 긴 시간이다.

또한 우수 인력을 대상으로 발탁인사로 승진 추천도 하지만 전체 발탁 인사, 예외 인사도 기본적으로 승진율(%)에 적용되기 때문에 기대하는 승진 폭과는 차이가 날 수밖에 없다.

실제 중국에서는 로컬업체를 포함한 모든 업계에서 인센티브를 받은 후인 춘절(설날)과 승진발표 후에 새 직장을 찾는 직원들이 매우 많다.

한국과는 달리 급성장하는 시장이라 이직의 기회가 많고 직장에 대한 로열티도 상대적으로 낮기 때문에 본인이 생각하는 보상과 차이가 크게 나면 새로운 직장을 찾게 되는 것이다.

이러한 현상을 비판하고 나쁘게만 볼 수는 없다. 중요한 것은 중국에서는 이러한 일들이 다반사인데 한국식 승진체계만 고집하는 것이 맞지 않다는 것이다. 현지에 맞게 제도와 정책을 더 보완해서 운영해야 할 것이다.

인센티브와 승진체계에 대해 살펴보았다.

회사의 손익을 고려치 않은 채 인센티브만 많이 주자는 것도 아니고, 기본적인 승진체계를 무시하고 승진, 프로모션만 확대하자는 것도 아니다.

사업의 성패가 결국 일하는 현지 직원에게 달렸다고 본다면 핵심 인력, 우수 인력, 허리 인력들이 유출되지 않고(경우에 따라서는 한참 육성시킨 후 경쟁사로도 이직한다) 계획대로 Make-up하기 위해서는 현지에 맞는 제도와 정책들을 더 심도 있게 연구하고 실행해야 한다는 취지다.

한국 본사의 정책적인 고민과 검토가 더 필요하다.

30명의 쌍둥이 스튜어디스

한국의 유명한 A항공사 스튜어디스 교육장을 찾아갔던 때의 일을 소개한다. 한국에 있을 때 신규 기획업무로 서비스 부문의 획기적인 개선을 프로젝트로 가져가며 여러 고민을 하던 중이었다.

사전에 방문 약속을 하고 가기는 했지만 그렇다 해도 안내와 교육과정 소개를 너무나 친절하고 상세히 해주었다. 5명의 강사진이 있었는데 그들은 우리를 안내하고 대화를 나누고 교육 과정을 설명하는 등 차원이 다른 '서비스 아카데미'의 모범을 보여주었다.

교육과정 전반에 대해 1시간 이상의 설명을 들은 후 나는 직접 교육장면을 볼 수 없겠느냐고 정중하게 요청했다. 처음에는 규정상 안 된다고 하다가 집요한 나의 요구에 한 곳만 참관시켜주겠다고 했다.

너무나 감사한 마음으로 한 교육실 뒷문을 열었다.

사전에 강의하던 강사도 내가 참관하는 것은 전혀 모르는 상황이었다.

강의실에는 30명의 스튜어디스 후보생들이 친절 서비스교육을 받고 있었다.

문을 열고 들어가는 순간 나는 놀라움을 넘어 당황하게 되었다.

30명의 스튜어디스 후보생들의 시선이 모두 뒷문 내 쪽으로 쏠렸다.

하얀 색 반소매의 유니폼 상의를 입고 머리를 똑같이 동여매고 미소를 띠며 웃는 30명의 스튜어디스 후보생들의 모습이 모두 똑같은 30명의 쌍둥이로 보였던 것이다.

미소 짓는 표정을 지속적으로 교육을 받은 그들은 동일한 얼굴을 가진 쌍둥이가 되어가고 있었다.

물론 채용 때부터 엄격한 선발기준이 있었겠지만 나는 어떻게 하면 이렇게 될 수 있느냐고 강사에게 물었다. 그녀는 4주 정도 집중교육을 받으면 가능하다고 귀띔해 주었다.

서비스의 중요성에 대해서는 모두가 잘 알고 있을 것이고 이미 '서비스도 경쟁력이다'라고 본 저서에서 언급한 바 있다. 관건은 지속적인 교육과 훈련을 통해 상향 표준화된 서비스 수준을 유지하는 것이다.

15

시장상황과 상권분석을
철저히 하라

시장상황을 제대로 파악한다는 것은 매우 중요한 일이다.

문제는 시장상황과 상권분석을 제대로 해서 오차율을 줄이고 믿을 수 있는 분석 결과를 도출하는 것이다.

시장상황과 상권분석은 어느 지역 어떤 타겟을 공략할지를 결정해야 할 때, 진출 후 제대로 사업이 진행되고 있는지 검증할 때, 신상품이나 새로운 라이프 스타일로 신규 수요를 창출하고자 할 때 등 경쟁상황분석과 더불어 반드시 들어가야 할 중요한 자료가 될 것이다.

이 자료를 만들기 위해서 컨설팅 업체를 이용하거나, AC닐슨 지표를 받아보기도 하고 업체와 제휴하여 경쟁사 광고를 파악하거나 소비자 U&A 조사, FGI 조사도 한다.

전국이냐, 어느 한 도시냐, 아니면 도시 내 어떤 상권이냐 등 어떤 권역을 대상으로 할지에 따라 모두 다르겠지만 세 가지의 새로운 시장 상황 및 상권분석 방법을 소개하고자 한다.

물론 정밀한 검증은 내부적으로 더 심도 있게 논의하고 분석해야 할 몫이다.

첫째, 이미 드러나고 파악된 연도별 지표들을 활용하라.

이러한 지표들을 살피는 것은 개략적이지만 시장규모와 경제수준을 빠르게 훑어 감感을 잡을 수 있는 방법이다.

연도별 지표들에는 이런 것들이 있다.

* 도시화율, 대학교(대학생 수), 휴대폰 보급률
* 대형쇼핑몰 규모와 수량, 차량(고급, 레저용) 보급 수량
* 까르푸 같은 대형 할인매장 수, 영화관 수
* 스타벅스(코스타), KFC(MCD)
* 전철 유무 및 호선 수량, 도시 내 택시요금 수준, 부동산 중개업체 수량 등

위의 지표들이 무슨 도움이 되겠냐고 할지 모르지만 분석해 보면 숨어있는 의미 있는 내용들을 도출해 낼 수 있다. 이러한 지표들을 어떻게 활용할지는 업종별로 더 세부적으로 검토해야 할 것이다.

둘째, 현지 직원들을 활용하는 방법이다.

한번은 모※ 컨설팅업체가 조사해온 자료를 보고 받는 자리에서 PT 하는 당사자에게 해당 지역을 직접 가보았느냐고 물어본 적이 있다. 그랬더니 "가보지 못했다"고 말했다. 중국은 워낙 넓어 컨설팅업체 직원이 실제 현지를 안 가보는 경우도 많다.

또 한번은 모※ 유명 조사업체의 총경리와 회의를 하면서 동북3성과 심양지역을 타겟으로 조사를 부탁했더니 "심양시 자체는 점포 샘플 수확보가 부족하다"고 솔직히 토로한 적이 있었다. 이러한 경험들 때문에 언제부턴가 외부업체의 자료를 100%는 믿지 못하는 습관이 생겼다.

그래서 생각해낸 방법이 중국 직원들을 활용하는 방법이었다. 비록 중국 직원들이 중국 전역이나 대권역(화동, 화북, 동북 등) 상권을 대상으로 실제 조사하는 것은 어렵겠지만 본인의 고향이거나 대학교를 다닌 지역이라면 그 지역에 대해서는 누구 못지않게 잘 알고 있을 것이다. 그 지역에 살았기 때문에 누구보다 시장과 소비력, 상권에 대해 잘 알고 있으며, 오히려 그들이 알고 있는 것이 컨설팅업체가 조사한 내용보다 실속 있고 정확할 수 있다고 본다.

만약 중국 직원들이 해당지역에 대한 이해가 부족하고 미흡하다면 시간을 주어 그들이 더 준비해서 완성도를 높이는 방향으로 분석자료를 제출할 수도 있다.

셋째, 유관 부문과 직접 현장 방문하여 확인하는 방법이다.

유관 부문의 본부장, 팀장급들과 함께 현지출장을 가서 현장을 직접 보며 함께 논의하는 작업이 필요하다.

급속도로 변화하고 성장하는 시장이 중국 시장이다. 만약 보고되는 자료가 반년 전의 자료라면 현장 확인을 통한 검증이나 보정작업이 필요할 수도 있다.

이미 현장방문을 통한 상권파악이 잘 되고 있다면 유관 부문이 함께 동행했느냐를 따져야 하는데, 법인장이나 본부장급은 아무리 바쁘더라도 반드시 현장을 가보고 결정하는 원칙을 고수해야 할 것이다.

'백문 불여일견百聞不如一見'이라는 말이 있다. '백 번 듣는 것이 한 번 보는 것만 못하다'는 말이다. 유관 부문과 함께 현장을 직접 확인하는 것은 그만큼 중요하다.

시장상황과 상권분석은 전략팀, 마케팅팀, 영업팀 등 어느 특정 부문만 해당되는 사항이 아니다. 전사적인 관점에서 현재의 상황을 정확히 분석하고 미래의 시장을 선제적으로 예측해 가는 과정들이 지속적으로 이루어져야 할 것이다.

16

M&A, JV 운영은
어떻게 할 것인가

중국에서 사업을 하다보면 항상 검토하는 프로젝트가 M&A(Mergers and Acquisitions, 인수합병) 관련된 사안과 제휴하고 있는 JV(Joint Venture:합작투자) 업체와의 상생전략 사안이다. 이러한 과제가 결코 쉽지 않다는 것은 주재하는 모든 사람들이 공감할 것이다. 나의 경험을 바탕으로 인수합병이나 제휴업체와의 관계에서 나타날 수 있는 문제점이나 해결책을 제시하려 한다.

먼저 M&A 프로젝트와 관련해서 살펴보자.

초기에 사업을 제대로 론칭했다 하더라도 급변하는 중국시장과 경쟁여건을 감안하면 자력만으로 사업을 확대해 나가는 것이 규모와 속도 면에서 당초 계획과 차이가 많다는 것을 실감하게 된다. 그 때문에 대부분의 한국기업들은 M&A를 본사로부터 지시받거나 또는 현지에서 그 필요성을 보고하게 된다. 관건은 예상보다도 M&A 프로젝트를 진행할 때 숨어있는 어려움이 많다는 점이다.

M&A는 막대한 자금을 투자해야 하는 프로젝트이기에 당연히 최고 경영진까지 보고되고 의사결정을 받아야 할 사안이다. 투자 자금이 적정한지 면밀한 검토가 이루어져야 하고 아울러 투자한 자금을 얼마 만에 회수하고 이익을 낼 수 있는지, 얼마 만에 규모의 위상을 갖출 수 있는지를 분석하는 종합적인 대형 프로젝트이다.

통상 M&A 프로젝트에 착수하게 되면 현지에 실무팀이 있고 한국에서도 출장 형태의 지원으로 TF팀이 구성되어 1차 M&A관련 기업들을 조사하고 직·간접으로 업체를 접촉하며 의사타진을 한다. 그 후 업체가 선정되면 한국 본사 또는 유관 부문과 M&A 인수전략 보고를 하며 최종의사결정을 기다리게 된다.

여기에서 유의해야 할 사항은 크게 두 가지인데,

하나는 대상 업체가 물건으로 나와 있거나, 아니면 비밀리 협약을 맺고 진행 중이더라도(Pre-DD, DD) 우리 모르게 언제라도 다른 경쟁기업들과 딜Deal을 진행할 수 있다는 사실을 알아야 한다. 결국 거래가 완결되기 전까지는 M&A는 아직 성공한 프로젝트가 아니라는 사실이다. 그렇기 때문에 긴장의 끈을 늦추어서는 안 된다.

두 번째는 대부분의 기업들이 겪는 문제인데, 의사결정 과정에 너무나 많은 시간이 소요된다는 점이다. 한국 본사에 보고가 수차례 이루어지고 또 다른 부분을 지시받아 재검토하게 되면서 많은 시간이 흐르게 된다. M&A할 업체와 처음 접촉한 시점으로 거슬러 올라가 해당업체 입장에서 본다면 그 시간은 꽤나 길게 느껴질 것이다.

그렇게 해서 M&A를 성사시킨 기업들도 많지만 반대로 접촉하고 진행만 하다가 끝내 결론을 못 내고 지연되는 사이에 다른 곳과 성사되는 경우도 꽤나 많았다. M&A를 성공하려면 제반 모든 사항을 검토하되 스피디Speedy한 의사결정도 반드시 프로세스Process화 되어야 할 것이다.

이번에는 JV업체와의 제휴에 대해 살펴보자.

업종별로 직접 사업을 바로 할 수 없는 제한사업 또는 규제 사업군에 들어가 있는 기업들이 있다.

또 사업을 확대하며 지분을 상호 분할 운영하거나 한국이 신기술을 도입하고 중방 측이 영업을 담당하는 식으로 다양한 형태의 JV가 지금도 체결되고 있고 실제 운영 중인 기업도 많다.

그런데 왜 JV업체와의 문제가 대두되고 이슈화되는 것일까?

제휴를 하다보면 상대측에 기대했던 부분과 운영상의 결과 차이가 클 수도 있다. 구체적으로 언급되지 않은 모든 사항들에 대한 해석과 관리 포인트가 서로 다를 수 있는 것이다.

또한 문화의 차이로 사소한 일이 오해와 편견을 불러일으키기도 한다.

결국 지분의 비중을 고려하지 않은 채 JV업체지만 내 회사라고 양측 모두 착각하는 현상이 갈등을 불러일으키는 것이다. 한국 본사도 한국이 소수 지분임에도 JV업체에게 요구사항이 너무 많지는 않은지 생각해 봐야 할 것이다.

중국 기업들은 크게 국영기업, 민영기업, 홍콩계 기업군으로 구분할 수 있다.

국영기업의 장점은 사업 역내에서 생기는 소방, 세무 등 다양한 이슈 발생 시 네트워크로 지원하는 역할이 있다. 하지만 이것 또한 권역을 넘는 지역에 대해서는 한계가 있을 수 있다. 또한 국영기업은 목표와 손익개념이 많이 약한 편이고 함께 사업을 하다보면 체면을 따지는 경향이 강하다.

민영기업은 비용처리가 철저하여 부정을 사전에 차단하는 효과가 있지만 모든 비용에 대해 너무 작은 것까지 통제해 상호 간에 협의하는 데 시간이 많이 든다. 해당기업의 주력사업이 무엇인지와 동사장(대표이사)이 어떠한 사업에 관심이 큰지를 파악할 필요가 있다.

홍콩 또는 광동성 기업들은 기획과 업무처리과정이 매우 신중한 편이다. 작은 것도 경영진까지 모두 보고하고 결론을 내리기 때문에 오히려 한국 기업들이 재촉하는 일이 생기기도 한다. 음력, 좋은 날짜, 오픈의식 같은 풍습들을 관행적으로 많이 따지는 경향이 있다.

중국과 제휴하다 보면 중방 측은 모든 동사(이사, 경영진)가 수년간 그대로인데 한국 측은 수시로 교체가 된다. 물론 지금은 중방 측도 한국의 상황을 모두 이해하는 눈치다.

JV업체와의 제휴관계를 2인3각 경기가 아닌 진정한 상생의 협력관계로 유지해 나가려면 법인장, 동사장부터 모든 계층이 수시로 회의하고 교류하며 상호 간의 돈독한 관계를 만들어가는 과정이 필수다.

JV업체와의 관계가 좋지 않으면 양측 모두의 손실이지만, 특히 JV를 통해 중국에서 사업을 확대하거나 기반을 다지려 했던 한국 기업에게 더 크게 영향을 준다는 것을 명심해야 한다.

어항 속의 물고기

법인장으로서 매월, 그리고 2주간의 회의, 행사, 출장을 포함한 업무일정 계획을 각 부문 팀장까지 중문과 한글로 송부하고 매주 업데이트하여 다시 보내주는 것은 정례화된 나의 업무 중 하나이다.

언젠가 계획에 없던 그룹의 다른 일로 갑자기 하얼빈으로 출장 갈 일이 생겼다.

비서에게 모레 하얼빈에 출장 갈 일이 생겼다며 급히 비행기편을 알아보게 했다. 잠시 뒤 비서가 가져온 항공편 중에서 나는 가장 빠른 상해발 하얼빈 행 항공편을 확정했다. 그런데 30분 정도 지났을까? 하얼빈에 있는 모某 점장에게서 연락이 왔다.

"호텔 숙소는 어디로 하고 차량은 어떻게 할까요?"라고 물었다. 나는 다른 일에 바빠 하얼빈 모 점장에게 아직 출장을 알리지도 못한 상황에서의 일이었다.

또 잠시 뒤에는 요녕성에 있는 심양의 운영경리가 "하얼빈만 가시고 심양은 안 오시나요? 하얼빈에서 가까운데 심양도 들러주시지요"라고 전화가 왔다.

심양은 하얼빈에서 고속기차로 2시간 30분 정도 소요되는, 가까운 거리는
아니었다.

두 차례의 연이은 전화를 받고 잠시 여러 생각을 하며 혼자 멋쩍게 웃고 말
았다. 나는 평소 비서와 기사에게 주간일정계획에 대해서 입이 무거워야 한
다고 누누이 강조해왔다. 그런데 누가 하얼빈 출장을 얘기했을까?

지역 출장 시 카드결제가 안 되는 곳이 많아 현금 출장비를 예비로 가지고
다니는데 출장비를 준비하던 재무팀에서 얘기한 것일까? 나의 머리는 이런
저런 생각으로 혼란스러웠다.

하얼빈 점장과 심양 운영경리의 전화는 어찌 보면 나를 위한 배려였지만 기
분이 묘했다. 누가 얘기를 했던 이미 많은 직원들이 알고 있을 것이기 때문
이다.

한국의 카카오톡처럼 중국에서는 위쳇으로 보고체계를 만들어 놓기도 한다.
그뿐이겠는가, 다른 수많은 개인 소통의 방房들이 사용되고 있으리라.

중요한 것은 내가 하고 있는 일, 나아가 한국 사람들이 하고 있는 모든 일들
은 마치 '어항 속의 물고기'처럼 훤히 들여다보인다는 사실이다. 사무실에서
업무를 보든, 출장을 가든, 누구와 식사를 하든 일거수일투족이 중국 직원들
에게 알려지고 또 알 수 있다는 사실이다. 물론 적극적인 소통이 가져다주는
이점도 있겠지만 한 번 더 생각하면 모든 말과 행동을 조심해야 함을 알 수

있다. 말과 행동, 아무리 조심해도 지나치지 않는다.

주재원, 개인 사업자, 유학생 등 한국인이라면 누구든지.

17

리스크 매니지먼트(RM: Risk Management)를 사전에 강화하라

중국에서는 매년 3월 15일이 되면 모든 기업들이 바짝 긴장한다.

3월 15일은 '소비자 보호의 날'인데 이날 규정을 어긴 기업을 매스컴으로 전면 공표하고 있어 언급된 기업들은 공식사과도 해야 하지만 사업에도 매우 큰 영향을 받기 때문이다. KFC, 나이키, 한국의 A타이어 등도 지적이 되어 타격을 받은 적이 있다. 최근 들어서는 내부 직원이 제보하는 내부자 고발도 점점 늘어나는 추세이다.

왠지 외국기업을 길들이기 위한 표적수사 같은 인상을 지울 수 없지만 원칙, 규정에 대한 원론적인 중국 내 법규나 중국식 판단에 대해 반론을 제기하거나 항의하는 것은 쉽지 않아 보인다.

때문에 중국 사업을 포함한 글로벌사업은 원칙과 규정을 준수하는 것은 기본이고 더불어 제반 리스크Risk를 사전에 파악하고 제대로 관리하는 시스템을 구축해야 한다.

리스크 매니지먼트Risk Management 차원에서 준비해야 할 사항을 크게 네 가지로 정리해 본다.

첫째, 원칙과 규정을 지키는 '정도正道경영'을 해야 한다.
정도경영을 위해서는 제반 비용이 많이 들 수 있다. 중국 기업들을 보면서 원칙을 지키는 것이 오히려 손해라는 심리가 들 수도 있지만 개의치 말고 정도를 걸어야 한다. 정도경영은 사업초반부터 지켜 나가는 게 중요하다.

* 사업장(공장)이나 운영하는 Shop은 시설, 소방, 안전, 환경, 세무 등 모든 것이 규정대로 되어 있는가?
* 신규 오픈 및 신상품 출시 때, 프로모션 활동 시 과대광고하는 문구나 표현은 없는가?
* 정품을 사용하고 있으며, 식품이라면 유통기한과 폐기처리는 제대로 관리되고 있는가?
* 직원들의 급여 지급과 휴가 그리고 퇴직 시 경제보상금은 규정대로 운영되는가?
* 대외적인 계약서 체결 시 실무부서에서 법적인 모든 위해요소를

사전에 체크하는가?

* 새로운 법규가 실행될 때 그에 대한 준비를 제대로 하고 있는가?
* 분쟁, 이슈, 클레임 등 법적인 문제나 고객의 소리는 제대로 관리되고 있는가?

둘째, 리스크 매니지먼트에 대해 업무프로세스가 구축되어야 한다.

리스크 매니지먼트를 담당하는 전담부서를 운영함은 물론 공식 회의 때도 리스크에 관련된 내용을 정기적으로 논의하고 대책을 세워 나가야 하며, 이러한 것은 한국 본사와도 사전에 공유되어야 한다.

리스크를 관리하는 업무방식도 해당 부문별로 책임 소재가 명확히 정해져 있어야 한다.

문서상으로 검토하는 부문, 실제 설비 운용과 보수를 하는 부문, 식품과 식재료의 공급상을 검토하는 부문, 현장을 직접 돌며 점검하고 관리하는 부문, 클레임을 처리하는 부문 등의 역할이 정의되어 있고 각 부문 간 유기적으로 소통되어야 한다.

또한 문제 발생 시 사안별로 경영진까지 신속히 보고하고 바로 공동 대책이 마련되어 실행되는 시스템을 구축해야 할 것이다. 필요하다면 안전, 세무 등의 이슈는 외부 컨설팅 도입을 검토해볼 필요가 있다.

셋째, 대외적인 유관 부문과의 사전 네트워크를 구축해야 한다.

사업 내 영역에 있는 시市정부 및 산하의 유관 부문과 사전에 지속적인 교류를 통해 원칙적으로 운영하고 있는 사업방향에 대해 사전에 정확히 수시로 알리는 작업을 해야 하고 동시에 새로이 신설되는 법규나 이슈에 대한 정보도 추가로 습득해 나가야 한다.

유관 부문과의 교류는 담당 실무자나 실무팀만으로는 미흡하고 법인장, 본부장, 인사팀 등 계층별로 교류를 지속적으로 운영해 나가야 할 것이다.

유관 부문의 범위는 사업별, 지역별로 다르겠지만, 상무청, 상무국, 소방국, 공상국, 광전국, 세무국, 파출소 등은 기본이고, 그 이상의 부문까지도 필요시 사전에 네트워크를 형성해야 한다.

넷째, 사회공헌활동(CSR: Corporate Social Responsibility)을 확대한다.

중국에 진출한 기업 중에는 사회공헌활동을 매우 잘하고 있는 기업들이 많다.

보다 체계적이고 지속적인 사회공헌활동을 계획하고 실행해 나감으로써 중국 내에서 얻는 이익을 다양한 활동을 통해 환원하고 있다는 인상을 주어야 한다. 현지 직원들도 기업의 사회공헌활동 내용을 잘 인지해 외부에 나가 설명할 수 있을 정도가 되어야 할 것이다.

글로벌 사업에서 사회공헌활동은 연구소 부문에 투자하는 것과 같이 지속적이어야 하고 시간이 지날수록 투자한 효과를 볼 수 있는 항목이다.

18

Cost를
Control 하라

대기업이든 중소기업이든 개인사업을 하든 간에 어떤 경우라도 매출을 포함한 외형확대 못지않게 비용을 절감하는 Cost Control은 매우 중요한 관리항목이다.

몸집을 키우게 되면 Volume Merit를 가지면서 구매력의 파워Power도 겸비하게 된다. 즉 원가우위(Cost Leadership)를 점할 수 있게 된다. 하지만 중국 사업 초기에는 대부분이 후발주자이거나 마이너Minor한 외형구조이기에 선발주자를 포함한 경쟁자들의 구매 부문 진입장벽도 높다. 그렇기 때문에 코스트 리더십Cost Leadership은 생각조차 어려운 상황이므로 어떻게든 최대한 Cost Control을 통해 비용절감을 극대화하는 것이 관건일 것이다.

내가 생각하는 'Cost Control'의 정의는 '적정한 표준가격이 설정되지 않아 불필요하게 나가는 비용을 줄이거나 통제할 수 있는 비용은 사전에 통제하여 비용절감을 극대화하는 것'을 의미한다.

이제부터 검토해야 할 Cost 부문을 하나하나 살펴보자.

먼저 큰 비용으로 산정되는 물품이나 부품의 원·부재료 구매, 외주 공사를 발주할 경우이다.

대부분 구매팀이나 사업관리팀에서 입찰에 참여한 외부업체들 중 합리적인 가격을 제시한 업체를 선정하고 물품이나 부품을 구매하게 된다. 그때 반드시 처음 제시한 샘플이 동일하게 납품되는지를 확인해야 한다. 물론 계약서상에는 견적대로 제품이 공급 또는 시공되고 애프터 서비스까지 제공받을 수 있다고 명시되어 있지만 중국에서는 직접 확인하는 것이 필요하다.

이와 함께 계약조건과 다를 때 제재할 수 있는 법적 구속조항이 계약서에 구체적으로 명시되어 있는지도 확인하고 또 확인해야 한다.

그러한 부분은 한국 사람보다 오히려 중국 담당실무자가 더 잘 알고 있을지도 모른다. 중국 담당실무자는 계약에 참여한 업체가 타당한 업체인지, 계약가격이 적정한지를 잘 파악하고 있을 것이기 때문에 이를 담당하는 중국 실무자는 전문성도 있어야 하지만 정직해야 하고 애사심도 강해야 할 것이다. 그렇지 않으면 여기서 새는 눈먼 돈을 감당하기 어렵다.

그래서일까, 중국 식품업체 동사장 중에는 큰 구매견적에는 직접 참여하거나 가족을 동원하는 경우도 많이 보았다. 모두 새는 돈을 막기 위한 방편이다.

대형 체인식당의 경우에는 육류와 술은 구매 부문이 아닌 주방장이 직접 선정하는 권한이 암묵적으로 용인되고 있는데 이렇듯 서로 이권이 복잡하게 얽혀 있다 보면 큰 구매물량의 업체를 교체하고자 할 경우 신변에 위협을 가하는 협박을 받는 경우까지 발생하기도 한다.

이번에는 마케팅 부문의 비용구조를 보자.

신상품 프로모션이나 각종 고객조사 그리고 제반 연출물 등 다양한 비용을 사용하는 부서가 마케팅 부문이다. 마케팅 부문 또한 적정한 가격으로 프로모션 비용이 지불되고 있는지, 각종 컨설팅 용역의 비용이 적절하게 운영되는지 확인해 봐야 한다.

식품사업을 할 때의 일이다. 추석 등 명절이 되면 마케팅 직원들에게는 공공연하게 선물이 많이 들어왔다. 한번은 들어오는 모든 선물을 가져오라고 했더니 마케팅 직원들의 입이 한 발은 나왔다. 일주일이 지나니 책상 뒤로 선물이 가득 쌓이게 되었다.

나는 명절 며칠 전에 그렇게 모인 선물을 인당 두세 개씩 모두 나눠 주며 몇 가지 당부를 했다. 선물을 받은 업체에게 동일 가격대의 선물로 되돌려 주고, 앞으로는 사전 승인이나 허가 없이 선물을 주고받지 못하도록 못을 박았다. 그 뒤로는 명절 때가 되어도 선물은 거의 들어오지 않게 되었다.

그러나 이후 정말 모든 업체가 선물을 안 하는 것인지, 아니면 직원들이 지시대로 정직하게 내 말을 따르고 있는지는 모르는 일이다.

직원들에게 정직을 교육하는 것도 중요하지만 바람직하지 못한 중국 내 관습이나 관행이 사업에 영향을 미치지 못하도록 하는 노력은 지속적으로 해나가야 할 프로세스이고 기업문화라고 생각한다.

이러한 문제와 관련해 U외국업체 총경리를 만났을 때 그에게 비용관리를 어떻게 하느냐고 물어보았다.

그는 의외의 대답을 했다.

"중국의 인간관계를 이해하기 너무 힘들어서 KPI상 목표와 이익 개념만 명확히 하고 그 안에서 이루어지는 모든 비용관리는 알아서 하게끔 모두 맡겼다"라고 대답했다. 중국의 이너서클Inner Circle의 세계를 파악하고 나름 지침을 세운 외국 총경리의 통찰력에 자못 놀랐다.

출장비와 회의비 부문을 살펴보자.

광활한 중국에서의 현지 출장은 중요한 업무 중 하나이다.

그런데 이런 우스갯소리가 있다. 중국에서 행사를 하기 위해 전국의 주요 Post 직원들을 모이게 하면 실제 행사비용보다도 중국 직원들의 교통비와 숙박비가 더 많이 든다는 것이다.

그래서 경영관리팀에게 출장비 통제를 다방면으로 검토해 보고하게 하고 내용대로 실행하라고 지시했다.

유관 부문이 동시에 출장을 가거나, 꼭 필요한 경우에만 가거나, 세 번 갈 것을 두 번으로 줄이거나, 세 명이 갈 것을 두 명으로 줄이는 등 여러 방안을 도입했고, 고속기차로 5시간 이내 거리는 비행기가 아닌 고속기차로만 이동하게 했다. 그러나 나중에 한 직원이 고속기차가 비행기 값의 반값이기는 하지만 이동시간이 길어 하루 더 숙박하는 경우가 많고, 항공편도 2~3주 전 예약하면 고속기차와 유사한 가격으로 이용 가능하다는 사실을 알려주었다. 비용을 줄이는 방법도 현지직원들과 같이 아이디어를 내야 한다는 것을 느끼게 하는 대목이다.

회의비는 구체적인 절감방안도 중요하지만 그보다도 누구와 식사를 많이 하는지를 분석할 필요가 있다. 중국 거래처 또는 중국 직원들과의 식사 자리보다 한국 사람들끼리의 식사비용이 많지 않은지, 또는 한국 출장자가 나와서 드는 비용이 더 크지는 않은지 분석해 보아야 한다.

인력채용이나 인건비 부문도 살펴보자.

외부 용역업체를 통해 경력사원 채용을 할 때 당연히 외부 용역업체 수수료가 발생하는데 그 비용이 결코 적지 않다. 거기다 용역업체를 통해 뽑은 직원이 부적격자이면 또다시 면접을 보아야 하는데 관리자로서 시간적인 소모가 상당하다. 그렇기 때문에 회사 이직에 대한 유연성이 높은 중국 직원들에 대해 어떻게 검증해 채용하고 육성해 갈지도 함께 검토해야 한다.

급여체계도 마찬가지이다. 경쟁사나 동일 업종의 급여나 복리후생에 대해 명확히 파악하기 어려운 게 현실이다. 또 매년 급여인상이나 승진까지 감안하면 처음 보수를 설정할 때가 매우 중요하다. 새로 합류할 직원의 급여가 적정급여보다 프리미엄이 너무 큰 것은 아닌지 살펴보아야 한다.

일전에 직원들에게 신입사원 채용 시 외부 지인을 소개하면 인센티브를 지급하는 방안을 인사팀에서 발의하여 도입한 적이 있었다. 친구든 아는 동료든 지금 본인이 다니는 회사를 소개한다는 것이 우선 의미 있는 일이 될 것이고, 소개하는 사람도 우수한 인력이 아니면 쉽게 추천할 수 없을 것이라는 생각에서였다. 물론 추천받는 사람도 정식 면접을 보는 공식적인 절차를 거쳐야 하는 것은 당연하다.

모든 인력을 이렇게 채용할 수는 없지만 지인 채용이 당시 나름 효과를 보았던 기억이 있다.

소모품 및 기타비용을 살펴보자.

말이 소모품이지 그 비용도 결코 적지 않은 고정성 비용이다.

한 명이 채용되면 적정한 사양의 컴퓨터를 지원하고 통신비용과 교통비 등도 지급된다. 이러한 비용들을 어느 부서 책임 하에 운영하고 있는지, 컴퓨터나 대형 TV 등과 같은 재산 이력관리는 제대로 되고 있는지도 살펴보아야 한다. 더불어 작은 소모품이라도 적정재고 개념의 소모품 규모에 대해 제대로 관리가 되고 있는지, 업체와 물품 재계약 시 주문 물량이 늘어날 경우는 구매물량과 연동시켜 가격을 할인하는 작업도 운영하는지 살펴보아야 한다.

평일 야근이나 주말이나 연휴기간의 잔업에 대한 수당도 인사팀에서 관리해야 할 항목이다.

이러한 모든 세세한 비용관리에 대한 개념이 담당 부문만이 아닌 한국의 주재 파견자와 해당 부문 중국 실무팀장들의 마인드에 세팅되어 있어야 한다. 필요하다면 현지직원들의 비용절감 아이디어를 수렴하고 우수 사례는 포상하는 방안도 도입해볼 필요가 있다.

사업 초기에는 적자구조이기에 이러한 상황을 전 구성원들이 공감하고 모든 비용에 대해 손익마인드로 접근하는 '짠 경영'이 절실하다.

'Cost Control'이라는 표현을 사용했다.

지금까지 소개한 내용을 제대로 실행하고 관리한다면 Cost는 제법 많이 절감될 것이다.

Cost가 절감된다면 그대로 이익개념으로 보거나 모두 수익으로 산정할 것이 아니고 그중의 일부를 다시 직원교육과 한국 연수 기회 등에 재투자해야 할 것이다.

새로 합류한 직원들의 전문성과 성과를 높이기 위한 전문교육도 강화되어야 한다. 아울러 중국 내에서 이동하는 출장 행사 비용을 감안하면 한국에 연수시키는 방법도 괜찮은 방법이다. 비용 면에서 큰 차이가 없기 때문이다. 우수 업체나 우수 직원, 승진 직원을 대상으로 한국 연수의 기회를 늘린다면 비용대비 교육효과는 오히려 높아 교육 후에는 한층 업그레이드된 인재들로 자리매김할 것이라고 확신한다.

한국 연수 프로그램은 단발성이 아닌 한국 본사나 유관 부문과 연계하여 공정하고 지속적으로 운영되는 것이 중요한데 그래야 직원들이 당장은 못 가더라도 한국 연수를 갈 수 있다는 희망을 갖고 더 열심히 일할 것이다.

결국 중국 사업의 성공은 잘 세워진 전략 기반하에 한국과 중국 직원들의 열정과 노력의 합의 방정식으로 볼 수 있다.

Cost Control이 제대로 반영돼 사업이 운영되고, 사업 규모나 외형이 어느 수준을 넘어서 이익을 내게 되면 업계 내에서도 존재감 있는 위상을 갖추게 될 것이다.

그때가 되면 진정한 'Cost Leadership'을 구사할 수 있게 될 것이다.

8가지 성공 키워드

이종선 저자의 『따뜻한 카리스마』라는 책을 보면 성공하는 사람들이 가지고 있는 특성을 쌍기역을 활용하여 순한글 외자 7가지로 정의한 멋진 표현이 있다.

"꿈, 꾼, 끈, 꾀, 끼, 깡, 꼴"

이 7가지 성공 키워드를 중국 사업에 맞춰 한번 재해석해 보았다.

1. 꿈 (목표, 도전의식)

중국 사업의 성공은 태어나는 것이 아니고 끊임없이 만들어 가는 것

2. 꾼 (프로정신)

반드시 해내고야 말겠다는 사명감을 가진 개혁성향의 성과 창출자

3. 끈 (인간관계)

한국에서의 빽, 중국 꽌시의 부정적인 용어가 아닌 오래된 친구 같은 인간 관계 또는 강한 네트워크

4. 꾀 (지혜, 해결능력)

불확실한 경영환경과 치열한 경쟁상황 하에서 모든 상황을 제대로 풀어
나가는 능력

5. 끼 (트렌드 선도)

제품과 지역과 라이프 스타일을 새롭게 창출하고 트렌드를 선도해 가는 능력

6. 깡 (의지, 실행력)

어떠한 어려움에도 굴하지 않는, 비전과 목표달성을 위한 강한 의지 또는
왕성한 실행력

7. 꼴 (성품)

어려울 때는 여유 있게, 좋을 때는 신중하게 성품을 유지하는 평정심이 있
는 자

여기에 글꼴은 다르지만 중국 사업 시 꼭 필요한 키워드를 하나 더 추가해
본다.

8. 뜸 (신중함, 기다림)

단기적인 성과에 일희일비하지 않고 신중하게 판단하고 최종 성공까지 기
다릴 줄 아는 능력

나는 개인적으로 '꿈, 꾼, 깡, 뜸'을 더 선호하는데 여러분들은 8가지 성공 키
워드 중 어떤 것을 선호하는가?

CHAPTER 3

중국시장,
아는 만큼
보인다

1

소황제小皇帝와
월광족月光族을 주목하라

소황제小皇帝에 대해서는 한국에 이미 다양한 서적과 매체로 소개된
바 있다.

1979년부터 중국에서는 산아제한정책의 일환으로 1가구 1자녀만
낳도록 제한했다. 인구가 큰 국력이기는 하지만 증가하는 인구를 감당
할 수 없기에 취해졌던 특단의 조치였다. 이 한 명의 자녀를 통상 '소황
제'라 칭한다. 만일 한 명 이상의 자녀를 낳으면 벌금을 물게 했다. 벌
금도 지역별로 차이가 컸다고 한다.

반면 92%를 차지하는 한족이 아닌 소수민족과 1976년 대지진이 발
생했던 하북성 탕산지역은 이러한 산아제한정책에서 제외되었다.

그러나 산아제한정책은 2013년 폐지가 발의되고 2015년부터 폐지

되어 이제는 형제자매가 늘어나고 있다.

소황제에 대한 대우는 매우 각별하다. 소황제를 보살피는 사람들을 엄밀히 따져보면 6명이나 된다. 부모와 조부모, 외조부모가 모두 소황제를 돌봐주는 사람들이다.

초등학교 하교시간이 되면 할아버지, 할머니, 엄마들이 마치 대학수능시험을 치른 수험생을 기다리듯 학교 앞에서 아이를 기다린다. 아이가 나오면 손을 잡고 가는 사람, 자전거나 오토바이로 태워 가는 사람, 승용차에 태워 가는 사람(보통 부유층 엄마가 많이 보임) 등 모습도 다양하다.

소황제가 원하는 것은 그것이 무엇이든지 여섯 명의 후원자들이 제공하며, 가고 싶은 곳, 하고 싶은 것에 대해서도 매우 관대하다. 그들이 가진 부富를 어린 소황제를 위해서는 아낌없이 쓰는 것이다. 그 때문에 소황제들의 눈길이나 발길이 닿는 곳에 비즈니스의 기회가 있다고 볼 수 있다.

월광족月光族은 그달에 번 돈을 그달에 거의 소비하는, 소비성향이 매우 높은 젊은 층을 말한다.

사천성 성도지역에서 '월광족'이라는 말이 생겨났다고 들었다.

'80호우後', '90호우後'라는 말을 알 것이다. '80호우'는 80년대에 태어난 출생자들을 의미하고 '90호우'는 90년대에 출생한 이들을 지칭한다.

90호우라면 20대들이다. 80호우, 90호우 모두 월광족이지만 특히 미혼인 20대 90호우가 좀 더 월광족에 가깝다고 할 수 있겠다.

이들은 스마트폰, 신용카드를 사용하며 문화생활을 즐길 줄 안다. 언제 어디서나 휴대폰에 몰두하거나 게임을 하는 저두족(중국말로 띠토우주低頭族)도 월광족에 속하는 사람들이 많다. 여행도 자주 하고 부모로부터 부富를 물려받아 걱정 없이 살아가는 계층이기도 하다. 물려받은 집과 고가의 승용차를 갖고 있으며 회사의 급여에 연연하지 않는 타입도 많다.

이들의 니즈Needs에 부합하기 위해 쇼핑몰과 전자상거래가 점점 더 활성화되고 있고 많은 기업들이 월광족을 위한 타겟마케팅을 기획·실행해 가는 것으로 안다.

중국은 쇼핑몰 문화이다. 도시마다 5만~20만 평의 쇼핑몰이 해가 다르게 경쟁적으로 늘어나고 있다. 보통 성도省都를 포함한 대도시는 40~50개의 쇼핑몰이 존재하고 3선급 도시도 10여 개 이상이 존재한다. 쇼핑몰 안에는 작게는 100여 개부터 많게는 300여 개의 각양각색의 테넌트(Tenant, 사업자)들이 즐비하다. 대형 할인마트와 영화관이 들어서 있고 최근에는 아이스링크, 키즈Kids 공간, 외국 콘셉트의 식당들도 경쟁적으로 차별화 포인트를 갖추며 유치되고 있다.

요녕성의 심양, 사천성의 성도, 운남성의 쿤밍 지역은 쇼핑몰 공급이 이미 수요를 초과하는 과잉현상을 보이고 있다. 그래서인지 건설 중에 있던 쇼핑몰을 완공하지 못했다는 소식을 쉽게 접한다.

소황제와 월광족에 대해서는 설날, 어린이날(6/1), 광군절(11/11) 등 명절을 포함한 시즌마케팅은 물론 각 업종별로 특별한 비즈니스 전략과 대책을 마련해야 할 것이다. 이 계층들의 무한한 소비창출 능력은 앞으로도 성장하는 시장이 될 것이기 때문이다.

2

손자병법으로 보는
중국인의 특성

손자병법 제1계를 아는가?

손자병법은 고전古典으로 또는 수많은 경영서적으로 재해석되어 소개되었다.

우리에게는 손자병법 36계 중 제일 끝인 36계 주위상계走爲上計가 잘 알려져 있다. 전세戰勢가 여의치 않으면 후일을 기약하며 우선 도망친다는 '36계 줄행랑'으로 통상 알고 있다.

그렇다면 손자병법 제1계는 무엇일까?

제1계는 만천과해瞞天過海다.

당나라가 고구려와 전쟁을 하려 하는데 당태종唐太宗이 배를 탄 적이 없어 겁을 내며 지체하고 있었다.

"염려를 잠시 접어두고 연회를 하면 어떠할까요?"

한 지역 유지가 당태종을 찾아와 연회장소로 당태종을 초청하는 것이다. 당태종은 지역 유지의 청에 응하게 되고 연회에서 거나하게 취하기까지 한다. 그런데 그 무렵 지역 유지가 다가오더니 벌써 바다를 건너 고구려에 도착했다고 알려준다. 배를 육상처럼 꾸미며 당태종을 승선시키고 바다를 건넌 것이었다.

만천과해는 '하늘(당태종)을 속여 바다를 건너다'라는 뜻이다.

손자병법 내용을 살펴보면, 정면으로 승부하는 공성전攻城戰은 의외로 적다. 많이 알려진 제6계 성동격서聲東擊西, 제31계 미인계美人計 등 정면이 아닌 다양한 계책들을 소개하고 있다.

삼국지를 읽어보아도 공성전은 매우 적음을 알 수 있다.

중국이라는 큰 대륙에서의 전투는 한 번으로 끝나지 않는 장기전이며, 하나의 지역을 정복하면 또 다른 지역의 적을 상대해야 되기 때문에 최대한 힘을 비축하는 것이 중요한 전술이 되는 것이다.

손자병법 내용을 폄하하거나 중국인을 비하하려는 것이 아니라 중국인의 DNA에는 제1계 '만천과해'와 제36계 '주위상계' 등이 내재되어 있다.

중국인들은 매우 다양한 수를 사전에 준비하여 사업에 임한다.

2006년경 북경에서 있었던 일이다. 경소상(대리상)을 유치하는 중에 북경 조미료업계 2위의 경소상을 만나 함께 해보자며 십여 번의 협상을 했다. 그런데 만날 때마다 협상내용이 달랐고 그때마다 거절하기 어려운 수준의 요구를 해왔다. 돌이켜보면 그는 십여 차례의 미팅을 미리 생각하고 사전에 단계별로 요구사항을 준비했던 것이다.

지금은 친구 사이로 지내고 있지만 당시 상황을 생각해 보면 왠지 씁쓸한 생각이 든다.

중국에 진출하기 위해서는 이러한 역사 속에 녹아있는 중국인의 특성을 제대로 알아야 하며, 장기전을 대비한 전략과 대책을 제대로 준비해야 할 것이다.

3

중국의 틈새시장,
무엇이 있나

중국 도로에서는 전 세계 수많은 차종車種을 접할 수 있다. 상해에서는 전기자동차 테슬라도 자주 보인다. 휴대폰도 삼성, 아이폰 외에 로컬업체인 화웨이, 오포, 비보, 샤오미 등 다양하다. 쇼핑몰에 가면 20만 평 이상의 큰 면적에 명품, 의류, 잡화, 식당, 영화관, 슈퍼마켓, 아이스 링크 등 다채롭다. 슈퍼마켓에 가면 식품, 생활용품, 주류, 과일, 생선류 등 모든 것이 한국의 2~3배 이상이다.

하지만 아직 없는 것도 많다. 틈새시장이 있다는 말이다.

또 지역별로 발전단계가 다르기 때문에 장강長江 이남의 남방에는 있지만 북방권에는 아직 진입 초기인 경우도 많다.

그렇다면 아직 태동하지 않았거나 진출하지 않은 부문은 과연 무엇일까?

식품류로는 조미김이 없고 통조림이 적다. 외식산업 쪽의 한국식 치킨이 없으며 문방구가 제대로 없고 휴대용 손수건이 없고 결혼예식장도 없다. 전문 세차장도 없고 아웃도어 액티비티Outdoor activity가 늘어난 상황에서 보면 모자나 돗자리가 활성화되어있지 않다. 남방지역에 가면 난방(온돌) 시스템이 없다.

하지만 없다고 무턱대고 덤벼들 것이 아니라 왜 없는 것인지 세세히 살펴볼 필요가 있다.

조미김을 예를 들자면 중국 식문화상 스낵용 김은 있어도 조미김은 없다. 최근 요우커들이 화장품과 더불어 한국 조미김을 많이 사오는 이유이다. 중국 손님에게 한국 제품 중 화장품, 홍삼, 조미김을 선물로 주면 그 만족도는 거의 100%라고 한다.

통조림의 경우는 의외로 슈퍼마켓 내 진열 면적이 적은데, 그 이유는 아마도 남을 쉽게 믿지 못하는, 그래서 보이지 않는 캔 안에 무엇이 들어있는지 의심하는 선입견 때문에 팔리지 않는 것으로 보인다.

자판기도 예상과 달리 많지 않다. 공항에서는 쉽게 볼 수 있지만 사무 공간에서는 보기 어렵고 일본에서처럼 골목길에 자리 잡고 있는 자판기는 아예 찾아볼 수가 없다.

치킨도 한국 치킨과 유사한 것이나 대만 치킨류가 있기는 하지만(물론 KFC 프라이드 치킨도 있음) 그 맛에는 차이가 많이 나서 한국 드라마 '별에서 온 그대' 이후 한국식 치킨집이 우후죽순 생겨나기도 했다.

학생들이 학용품을 구입할 수 있는 제대로 된 문방구도 거의 없다. 까르푸 같은 할인매장의 문구류 코너에서 구할 수는 있지만 전문성과 다양성에서는 아직 차이가 많이 난다.

결혼 전문 예식장도 없다. 물론 중상류층은 호텔이나 대형 식당에서 결혼식을 치르거나 풍습에 따라 별도의 특별한 장소에서 예식을 하지만 전문 예식장은 없다. 그러면 언뜻 전문 예식장을 차리면 성공할 거라는 생각을 할 수도 있는데 그것은 큰 오산이다. 왜냐하면 중국에서는 예식과 더불어 하객들과 함께 그 장소에서 긴 시간 동안 식사하는 풍습과 문화가 있기 때문이다.

고가高價의 차를 소유하고(여러 대 소유하는 가구도 많음) 있지만 전문적으로 세차하는 곳도 없다. 세차하는 업소를 가보면 간단한 물세차, 손세차가 전부이고 전문적으로 광택을 내거나 제대로 된 세차를 하는 전문점은 찾아보기 힘들다. 습관상 광택이나 전문 세차의 필요성을 못 느끼는 것인지 아니면 전문점이 없어서 그런지는 더 살펴보아야 할 일이다.

중국은 공항, 고속도로, 기차(고속철)와 같은 교통체계는 매우 잘 되어있다.

주말이나 명절이 되면 외부 활동을 하는 사람들이 늘고 있으며(공휴일 고속도로 톨게이트 비용이 무료일 때도 많음) 산행을 가는 사람도 많아지고 있다. 그러나 고속도로 휴게소의 편의시설이나 먹거리는 수준이 미흡해 많은 발전 여지가 보였다. 지역별로 차이는 있겠지만 산행용 모자나 어깨 가방, 야외용 돗자리 등은 많이 사용하지 않거나 보이지 않았다.

한국 사람들은 집을 구할 때 난방이 잘 되느냐고 꼭 확인하는데 중국 남방지역에는 최근에 생기고는 있지만 난방시설이 기본적으로는 없다. 그래서 겨울에는 난방이 안되기 때문에 영하가 아닌 날씨임에도 의외로 매우 춥다. 난방시설을 제대로 갖춘 아파트나 내부 인테리어가 제대로 된 아파트도 잠재 가능성이 무척 큰 시장이라는 생각이 든다.

상해에서 지내면서 한국 슈퍼 또는 식당을 운영하거나 한국 제품을 수입·판매하는 사람들을 많이 만난다. 결혼예식 전문 스튜디오, 한국 아이돌 유행 모자를 포함한 모자 전문점, 의료 계측기, 외국계 자동차 업종, 조선해운 감리, 전문 인테리어, 한국 의류를 모아 판매하는 Shop 을 운영하는 사람도 보았다. 자동차 프로그램을 시스템화한 사업, 의류 원단을 일본 등에 역수출하는 사업, 개인 또는 사무실용 고급 금고 사업을 하는 사람도 보았고 최근에는 중국 항공사로 옮기는 비행기 기장들도 늘고 있다. 또 중의사를 준비하는 사람도 있었다. 중국 각지에는 더 다양하게 사업을 하는 분들이 있을 것이다.

이 사람들은 중국의 틈새시장을 공략하는 개인 사업가들인데 모두들 준비하고 노력한 만큼 큰 성공이 있기를 기원해본다.

여러 번 강조하지만 중국 사업은 어떤 아이템으로 성공할 것인지도 중요하지만 언제 어느 지역을 어떻게 공략하고 누구와 파트너가 되어 일하느냐도 매우 중요한 포인트다.

4

삼국지로 보는
막강 팀워크

중국에 와서 역내 출장을 다니며 정부 인사, 사업 파트너, 직원들과의 식사 자리를 자연스럽게 많이 갖게 되었다. 다양한 요리를 먹고 술을 마시며 때로는 진지하게 때로는 여유 있는 시간들을 보내기도 했다.

언제부턴가 출장 시 식사자리에서 "삼국지(삼국지연의)에 나오는 인물 중 좋아하는 세 사람을 꼽으면 누구인가?"라는 질문을 많이 하게 되었다. 화제를 주도하고 화기애애한 분위기를 만들고자 던진 나의 계산된 질문이기도 하다. 그런데 그에 대한 대답이 지역마다 모두 달랐고(산동 지역은 힘센 여포 장수도 꽤 좋아함), 유비를 꼽는 사람이 많지 않았던 것이 의외였다. 많은 사람들은 관우와 조조를 으뜸으로 생각했고, 그 뒤를 제갈량, 조자룡, 유비를 꼽았다. 선호하는 이유도 모두 달랐다.

나는 여기서 '오호대장군(오성장군五星將軍이라고도 함)'에 대해 소개하고자 한다.

유비, 관우, 장비 삼 형제의 도원결의桃園結義 이후에 삼고초려三顧草廬하여 제갈량이 합류하게 되고 후에 장군인 조자룡, 황충, 마초 세 사람이 뜻을 함께하게 된다. 조자룡이 가장 늦게까지 유비의 아들을 도우며 삼국지를 마감한다.

오호대장군은 '관우, 장비, 조자룡, 황충, 마초' 이 다섯 명을 말하는데, 여기서 오호의 '호虎'는 호랑이라는 뜻으로 장군으로서는 최고, 최대의 위치를 자랑하는 자리라는 의미다.

삼국지 내용을 보면 이 다섯 명의 장군은 싸움을 두려워하지 않고 서로 전쟁터에 나가 승리하여 공公을 세우려 다투는데 그때마다 유비나 제갈량이 판정을 해주곤 한다.

유비는 포용적이고 덕이 많지만 연약하고 우유부단한 사람으로 비쳐지는 게 사실이다. 그러나 삼 형제가 도원결의한 이후 새로이 합류한 네 명의 주요 인물들이 하나같이 유비를 따르고 한마음으로 뭉쳤다는 것은 생각해볼만한 중요 포인트다.

유비는 덕만 있었던 사람이 아니다. 한漢나라 유방이 장량, 한신, 소하를 적재적소에 두고 잘 다룬 것처럼 유비는 제갈량과 오호대장군을 믿고 재량권을 주어 수많은 전투를 승리로 이끈 사람이다. 그는 제갈량과 오호대장군을 등용해 운영한 탁월한 리더십의 소유자였지만 조조나 제갈량 등에 가려져 왠지 존재감이 줄어든 느낌이다.

한국에서 개성상인이 유명했다면 중국에는 절강성 온조우 상인이 유명하다.

일전에 온조우 출신과 사업을 하는데 동사장(대표)의 집무실에서 회의를 한 적이 있었다. 상대측에서는 두 사람이 더 참석했는데 한 사람은 영업총경리(본부장)였고 한 사람은 재무팀장을 하며 재무, 구매 등 실제 경영지원실장 역할을 하고 있었다. 세 사람이 모두 온조우 출신으로 연배도 차이가 있었지만 첫눈에 드는 느낌은 '완벽한 한 팀'이라는 생각이었다.

세 사람이 회의해 의견만 일치하면 바로 추진하는 탄탄한 팀워크를 보여주었는데 서로에 대한 강한 신뢰감이 느껴져 많은 생각을 하게 해준 만남이었다. 이처럼 한마음이 되어야 전투든 사업이든 성공할 수 있지 않을까?

오호대장군의 하나됨과 온조우 출신 3인방을 생각하면 중국에서 사업을 할 때도 어떤 사람과 어떻게 팀워크를 이뤄야 할지도 생각하게 된다. 다시 한 번 삼국지를 읽어 보기를 추천한다. 여러 번 읽었더라도 또 다른 느낌과 생각을 하게 될 것이다.

5

광동요리,
여유롭게 먹어라

중국 사람들에게 전해오는 말 중에 '생재소주生在苏州, 주재항주住在杭州, 츠재광주吃在广州, 사재유주死在柳州'라는 말이 있다. 여기서 소주, 항주, 광주, 유주는 모두 중국 지명地名이다.

'태어나는 것은 소주, 사는 것은 항주, 먹는 것은 광주(광조우), 세상을 떠날 때는 유주'라는 뜻인데, 먹거리는 누가 뭐래도 광동성 광조우를 견줄만한 데가 없다고 한다. 물론 매운 요리로 유명한 사천요리가 있기는 하지만 말이다.(사천성 지역은 분지의 더운 지역으로 음식의 보존성을 높이기 위해 기름 성분이 많고 매운 음식을 주로 먹는다)

날아다니는 것 중에는 비행기 빼고, 네 발 달린 것 중에는 의자 빼고 다 먹는다는 말이 바로 광조우 광동요리를 설명해 주는 대표적인 말이다.

그러면 왜 광조우 광동 요리가 유명해졌을까?

첫 번째 이유는 광동지역이야말로 육지, 하늘, 바다 등 육해공陸海空의 식재료가 매우 다양한 지역이다. 아열대 기후로 다양한 채소와 과일이 나고, 남쪽에 바다를 접하고 있어 해산물 요리도 많다. 실제 광조우 출장 때 다른 지역에서 보기 어려운 비둘기나 사슴, 자라, 뱀 등을 재료로 한 음식들을 먹어본 경험이 있다.

두 번째는 역사적 이유가 있다.

송나라 황제의 남방 행차에 따라갔던 궁중 요리사들의 영향 때문이었다는 설도 있고, 청나라 말기 아편전쟁으로 중국에서 가장 빨리 외국 문물을 받아들인 지역이 광동이어서 음식 문화에도 영향을 받았다는 이야기가 있다.

30년 이상의 경력을 가진 주방장으로부터 내가 들은 이야기는 이랬다. 옛날 중국에서 호족을 유배 보낼 때 남쪽지방인 광동지역으로 많이 보냈다고 한다. 호족들은 유배 갈 때 자신의 식솔들까지 전부 데리고 갔는데, 여기에는 주방장도 있었다. 유배 간 호족은 심심무료한 기나긴 세월을 보내며 주방장에게 말했다고 한다.

"좀 더 새롭고 특별한 요리는 없느냐?"

주방장은 주인의 명령을 받들기 위해 특별한 요리를 만들어낼 수밖에 없었을 것이다.

사실인지는 알 수 없으나 이런 저런 연유로 광동요리는 다양한 중국 요리를 대표하는 요리 중에도 으뜸이 되었다.

실제 광동요리 전문식당에 가면 주문하는 시간만 10~20분이 족히 소요된다. 먼저 해산물코너를 돌며 게, 새우, 생선 등 먹고 싶은 것들을 골라 자리에 돌아와 앉으면 어떻게 요리할 것인지 물어본다. 생선의 경우 "반은 찜으로 반은 튀겨 주세요" 하면 실제 그렇게 해서 나온다.

중국 사람들은 먹는 것을 매우 중요시한다. 식사를 하면서 대화를 많이 하는데, 특히 사업적인 시각에서 보면 식사를 함께 한다는 것은 상대를 알아가는 과정이기도 하다. 그렇기 때문에 중국사람, 특히 광동지역 사람들과 식사를 할 때는 좀 더 여유 있는 시간을 갖는 게 좋다. 그 또한 큰 투자라 생각하며 마음의 준비를 단단히 하고 만나는 것이 좋을 것이다.

6

백주白酒 :
명주名酒인가, 독주毒酒인가?

중국 하면 요리와 함께 술에 대한 이야기를 빼놓을 수 없다.

일단 나는 술 예찬론자가 아님을 밝혀둔다.

술 주酒 자를 한자로 풀어보면 삼수氵변에 닭 유酉자가 합쳐졌다. 중국의 전해오는 얘기로는 오래전부터 유시酉時, 즉 오후 5~7시경부터 차茶를 마셨다고 하는데 차와 더불어 술도 마셨다고 한다.

중국은 원래 2차, 3차 술문화가 없다. 오후 5시부터 술을 마시기 시작했기에 주당酒黨들은 2차, 3차는 아니어도 늦게까지 마셨을 것이다. 그러나 남녀를 막론하고 술을 좋아하고 많이 마시지만 술주정을 하거나 술로 문제를 일으키는 일은 많지 않았다고 한다. 오랜 차茶 역사만큼이나 술 마시는 관습도 절제되어 있는 듯하다.

중국의 대표적인 술 백주白酒를 알 것이다.

백주 중 국주國酒로 알려진 마오타이茅台와 그다음의 우량예五粮液 술은 사천성과 귀양에서 나는데 이 지역이 물과 곡물이 좋기 때문이라고 한다. 좋은 술이 되려면 좋은 곡물과 맑은 물이 필수 아니겠는가.

황주黃酒, 농주農酒, 미주米酒 등과 같이 알코올 도수가 비교적 약하고 다양한 맛이 나는 술도 있지만 중국인들은 백주같이 38도, 52도의 독한 술을 많이 마신다.

실제 52도 술을 처음 마시는 사람은 식도를 타고 내려가는 술을 그대로 느낄 정도라고 한다.

중국 사람들도 점점 알코올 도수가 낮은 38도 백주나 홍주(포도주)를 찾고 있지만 52도 술을 선호하는 사람은 여전히 많다. 52도 백주가 훨씬 잘 정제되어 그 순도 때문에 입에도 맞고 몸에도 좋기 때문이다. 물론 너무 많이 마시지 않는다는 전제하에서다.

백주는 요리와 함께 적당히 마시면 집에 가면 술이 깰 정도로 뒤끝이 없다. 이 중국술 백주(중국말로 빠이지우)야말로 기름진 중국요리에 궁합이 딱 맞는 술이다.

중국에 출장 온 사람들은 자주 말한다. 중국 출장 때 마신 그대로 한국에 와서 중국식당에서 동일한 백주를 마셔보면 전혀 그 맛이 안 난다는 것이다. 충분히 그럴 수 있다.

신토불이身土不二라고 하지 않았던가. 중국에서 중국요리와 함께 백주를 마셔야 그 기氣가 맞는 것이다.

중국에서 술을 마실 때 조심해야 하는 지역이 특별히 몇 군데 있다.

하얼빈이 워낙 추워 하얼빈에서는 52도 백주는 마셔야 술을 마시는 것 같다고 말한다. 동북지역 사람들은 독한 술에 대한 자부심이랄까 호기가 대단하다. 실제 하얼빈에 가면 식당 메뉴판에 38도, 52도 술이 있지만 38도 술을 주문하면 대부분 없다고 한다. 모두가 52도만 찾으니 그렇게 된 것이다.

더 조심해야 할 것은 하얼빈의 백주잔은 소주잔보다 맥주잔에 가까울 정도로 커서 몇 잔을 연거푸 마시면 너무 빨리 취해 실수를 범할 소지가 크다.

산동성 지역도 술이 센데 보통 첫 잔을 세 잔 연거푸 마시는 곳이 산동성이고 낮에도 저녁처럼 많이들 마신다.

더운 지역인 사천성이나 광동성 사람도 우리의 상식과는 달리 은근히 술이 강해서 조심해야 한다.

상대적으로 상해를 포함한 화동지역이 술이 좀 약한 편이라고 할까? 하여간 한국식으로 술을 과음하는 것은 절대 금물이다. 좋은 일로 만나서 식사자리를 잘 마무리 지어야지 과음 탓에 어떻게 끝나고 헤어졌는지 기억나지 않는다면 그 또한 낭패가 아니겠는가?

술과 관련해 한국에 잘못 알려진 것 하나를 바로잡고자 한다.

한국에 있는, 정통 중국집에서 파는 이과두주二鍋頭酒(중국식 발음은 얼구오터 지우)에 대해서다. 고량주라고 부르기도 하는 작은 납작병의 50도 이상 하는 이 술은 가격도 저렴하지만 휘발성 냄새와 함께 매우 독한 기운이 속을 뒤집는다.

그런데 원래 이과두주는 매우 좋은 술이다.

술을 증류하기 위해 불로 데우면 술의 증기가 철판 주석鍋에 닿아 가장 먼저 나오는 것이 '일과두주一鍋頭酒'다. 여기서 두頭자는 수도꼭지 같은 데서 흘러나온다는 의미이다. 두 번째로 정제되어 나오는 것이 '이과두주', 마지막으로 나오는 술이 '삼과두주'이다.

일과두주는 정제가 잘 안 되었고 삼과두주는 끝물이라 좋지 않으며, 두 번째인 '이과두주'가 사실은 가장 잘 정제되어서 좋은 술인데, 한국의 중국집에 상륙하며 너무 저급 제품으로 잘못 자리 잡은 것 같다. 그러나 그 인기만은 여전해서 나날이 와인과 맥주시장이 성장하고 있지만 아직도 대형마트의 백주코너에 가면 '이과두주'가 진열된 것을 쉽게 찾아볼 수 있다.

중국에서 사업을 하다보면 중국인들과 술을 함께하는 경우가 많다.

이때 사용할 수 있는 건배사 팁 한 가지를 소개한다.

"지우펑 즈지 치엔빼이 샤오!酒逢 知己 千盃少"

"나를 알아주는 친구와 같이 술잔을 부딪치면 천 잔의 술도 부족하다"

봉(펑,逢)은 맞아준다, 부딪친다는 뜻인데 술의 취기가 적당히 올라갈 때 이렇게 건배 제의를 하면 북방지역에서는 거의 환호성을 치며 함께 잔을 부딪칠 것이다.

　이후로 더 과음하느냐 마느냐는 스스로 판단할 일이다.

7

마샹馬上, 차부뚜오差不多, 메이원티沒問題에 나타난 중국인의 사고방식

중국에서 흔히 쓰는 단어 중에는 한국식으로 해석해서는 안 되는 말들이 있다.

안이하게 한국식으로 이해했다가 기업에서나 일상에서 많은 실수를 범하게 만드는 말, 그것은 '마샹馬上', '차부뚜오差不多', '메이원티沒問題'와 같은 단어들이다.

그 의미와 활용범위를 알아둔다면 도움이 될 것이다.

먼저 '마샹馬上'이다. '마샹'은 고대 전쟁이나 전투하던 시절의 용어가 지금까지 사용되는 사례이다. 마샹은 '말에 막 올라탔다'는 의미다. 그래서 목적지를 향해 바로 출발할 것이기 때문에 목적지에 곧 도착한다는 의미이기도 하다.

그런데 금방 도착한다는 말의 '금방'이라는 시간 부사의 뜻이 중국에서는 좀 애매하다.

실제 말을 타고 목적지까지 가는 거리가 1km인지 40km인지 100km인지는 사람마다 다를 수 있기 때문이다.

'마샹'이라는 말을 들으면 한국 사람들은 왠지 금방 올 것 같은, 금세 될 것 같은 느낌으로 받아들이지만 실제 일이 이루어지기까지는 의외로 꽤 시간이 걸리기도 한다.

중국에 온 첫해에 들었던 이야기다. 누군가 중요한 서류를 다른 사무실에서 '마샹' 가져온다는 말을 듣고 10분 내에 받을 것으로 기대하고 기다렸다가 실제 한 시간 뒤에야 받았다는 이야기다. 성질 급한 그 한국 사람은 기다리면서 무려 다섯 개비의 담배를 피웠다고 한다. 마샹의 뜻을 잘못 이해해 벌어진 웃지 못할 해프닝이다.

때문에 누군가 '마샹'이라는 말을 할 때는 정확히 얼마 후인지를 확인하는 습관이 반드시 필요하다.

다음은 '차부뚜오差不多'다. 차이가 크지 않아 거의 목표(시간)에 다다랐거나 큰 차이가 없기에 계획한 대로 임무를 마칠 수 있다는 의미이다.

직원에게 지시한 서류작업이 얼마나 소요되는지 물어보면 '차부뚜오'라고 대답한다. 식당에 가서 주문 후에 음식이 나오지 않아 언제 나오냐고 물어보면 '차부뚜오'라고 답한다. 오픈을 준비하는 매장에서 작업공들에게 어떻게 되어가냐고 물어보면 '차부뚜오'라고 말한다.

그러나 이것도 개념상 차이가 제법 크다. 목표개념이 품질이든 시간이든 간에 100% 목표에 대해 70% 도달해도 '차부뚜오', 90% 도달해도 '차부뚜오'이기 때문이다. 그래서 확인하는 차원에서 '차뚜오샤오^{差多少}', '차이가 얼마나 나느냐'고 되묻기도 한다.

'마샹' 못지않게 '차부뚜오'라는 용어도 애매한 단어지만 실제 너무나도 많이 사용되고 있다. 활용되는 범위도 점점 확대되어 식사하다가도 '차부뚜오' 하면 거의 식사를 마칠 시간이 다 됐다는 의미로 사용되고, '차부뚜오'라고 응하며 식사를 마치기도 한다.

마지막으로 '메이원티^{沒問題}'다. '메이원티'는 문제없다는 뜻이다.

이 용어는 업무상으로는 좀 더 신중히 다루어야 할 필요가 있다.

어떤 프로젝트를 추진 중이거나 문제가 닥쳤을 때 한국식 개념으로 "문제없느냐?"고 물으면 '메이원티'라고들 대부분 대답한다. 문제는 존재하고 있는데 그것을 구체적으로 드러내지 않거나 해결할 수 있을 것이라는 긍정적인 생각으로 '메이원티'라고 답하는 경우가 많다. 즉 '메이원티'의 의미는 '요우원티^{有問題}(문제가 있다)'라는 의미와 크게 다르지 않다. 잠재된 문제가 있을 수 있다고 보아야 한다.

언제부터인가 나는 '메이원티'를 말 그대로 받아들이지 않는 습관을 갖게 되었다. 오히려 '원티부따^{問題不大}(문제가 크지 않다)'라는 말을 들을 때 조금만 더 챙기면 목표까지 가능할 것이라는 확신을 갖게 되었다.

역사적 배경과 생활 습관, 문화는 나라마다 다르기 마련이다.

'마샹, 차부뚜오, 메이원티'라는 용어에 대해 낭패를 본 사람들이 중국을 일부 폄하하는 것을 본 적이 있다. 하지만 달리 생각해 보면 광대한 나라에서의 사고가 애초부터 우리와 다를 수밖에 없겠다는 생각이 들었고, 상대방에게 긍정적인 생각이 들게 하려는 중국인들의 배려의 마음이 그런 일상 언어에 나타난 것이 아닌가도 생각된다.

위에 설명한 용어 외에도 문화적 차이로 겪어야 했던 에피소드는 아주 많았다.

중국에서 사업이든 학업이든 생활을 해 나감에 있어 이러한 용어상의 차이가 있다는 사실을 제대로 이해하고 활용하는 것이 불필요한 오해와 스트레스를 줄이고 계획된 목표를 제대로 달성하는 방법일 것이다.

8

중국 최대 명절
'춘절^{春节}'에 대해

양력과 함께 음력을 혼용하는 중국과 한국은 같은 절기와 명절이 꽤 많다.

많은 중국인들이 내게 묻는다. 한국에도 춘절^{春节}이 있느냐고, 제일 큰 명절이 무엇이냐고.

나는 한국에도 당연히 춘절과 같은 명절이 있고 명절 중에는 중추절 (추석)과 설이 휴일기간도 길고 대표적인 큰 명절이라고 알려주곤 했다.

춘절은 중국의 가장 큰 명절이다. 우리네 설과 마찬가지로 고향으로 돌아가 가족들과 새해를 보내는 풍습이 있다. 실제 중국인들은 음력의 춘절이 지나야 새로운 한 해가 시작된다고 생각한다. 춘절의 다른 말 이 꾸오니엔(과년, 過年)인데 '지나간다'는 의미를 담고 있다.

춘절기간은 법정공휴일이 3일(이때는 1일수당도 3배)이지만 국토가 워낙 방대하다보니 공식적으로 앞뒤 주말을 대체근무로 조정하며 일주일간을 휴일로 한다. 그러나 실제로는 휴가를 붙여서 거의 10일간의 휴일을 즐긴다. 광동성 지역은 거의 2주 이상 쉬는 기업들도 매우 많다.

춘절기간이 되면 중국 전역의 민족대이동이 시작되는데 고향에 가기 위해 이틀 이상을 소요하는 사람도 많다. 손마다 선물꾸러미를 들고 고향으로 달려가는 마음이야 중국이나 한국이나 똑같은 것 같다.

중국도 우리네와 마찬가지로 평소에는 가족들이 대도시로 흩어져 직장이나 학교를 다니다가 춘절이 되면 온 가족이 모인다. 춘절 하루 전날에는 온 가족이 모여 저녁식사를 함께 하는 투안위엔(단원,团圆) 풍습이 아직도 내려오고 있으며, 이날은 놀랍게도 대부분의 쇼핑몰도 오후 6시 전이면 문을 닫는다.

내가 처음 중국에 상주하게 됐던 2005년만 해도 쇼핑몰, 할인마트, 편의점, 온라인마켓 등 모든 것이 미비해서 춘절기간 먹을 음식을 사재기하기 위해 할인마트는 그야말로 북새통을 이루곤 했었다.

춘절 외에도 10월 1일부터 일주일간 지속되는 휴일, 국경절国庆节도 있는데, 이날도 춘절 못지않은 긴 연휴이지만 이때는 고향에 가기보다는 쉬거나 여행을 떠나는 사람들이 많다.

춘절기간이 되면 각 가정에서는 새롭게 복福, 장수長壽, 재화財貨를 바라는 문구들을 문설주나 문 앞에 붙인다. 복福자를 거꾸로 붙여놓기도

〈福字 거꾸로 붙인 모습〉　　　〈아파트 건물 내 용이 드나든다는 입구〉

하는데 복자를 거꾸로 붙이는 것은 '도달하다, 거꾸로'를 의미하는 따
오(도, 到, 倒)의 발음이 유사해서 그렇다. 복자를 거꾸로 붙이는 것은 복
이 들어오기를 기원하는 마음의 표현이다. 아파트나 건물에 용의 힘찬
기운이 들어오라고 크게 구멍을 내서 용 입구를 만든 건축도 같은 맥락
이다.

　새해 덕담으로는 복을 많이 받으라는 의미로 '신니엔콰이러(신년쾌락
新年快樂, 즐거운 새해 되세요)'라고 하거나, 부자가 되라는 의미에서 '공시빠
차이(공희발재, 恭喜發財, 부자 되세요)'라는 덕담을 건넨다. 또한 새해 선물을
사갈 때는 특히 쌍雙을 좋아하는 풍습 때문에 동일한 선물 두 개를 가져
가는 경우가 많다.
　새해가 밝는 밤 12시에는 폭죽을 터뜨리며 복을 기원한다. 폭죽을
터뜨리는 기간은 정월대보름까지 이어진다.

지금은 환경오염과 화재예방 차원에서 (실제 대형 화재사고도 빈번했음) 도심 내 폭죽을 제한하기도 하고, 실제 의식수준도 바뀌어 무분별한 폭죽 터뜨리기가 많이 감소했지만 아직도 시골이나 전통을 중시하는 지역은 폭죽 때문에 새해 첫날에는 잠을 포기해야 할 정도이다.

2006년 새해 첫날, 폭죽 경험이 없었던 나는 잠을 청하기가 쉽지 않아 그 다음 해부터는 같이 폭죽을 구해 터뜨렸던 기억이 난다.

폭죽은 그러면 왜 터뜨리는 것일까? 여기에도 이유가 있다.

새해로 바뀔 때면 니엔(년, 年)이라는 이무기 괴물이 나타나는데 이 괴물은 빨강색과 시끄러운 소리, 불빛을 무서워한다고 한다. 그래서 요란한 폭죽을 터뜨리며 니엔 괴물을 떨쳐내려는 풍습이 자연스럽게 자리를 잡았고 아울러 건강과 복도 기원하는 것이다.

한밤중에 온 가족이 모두 빨강색 옷을 입고 나와 폭죽을 터뜨리던 장면을 지금도 잊을 수 없다.

그들이 폭죽에 사용하는 돈도 상당했고, 폭죽의 위력도 대단했다. 어떤 이들은 한 달 급여 수준 이상의 폭죽을 사기도 했다. 폭죽의 종류도 다양한데 높이 올라가는 것은 100m 이상 높이의 아파트 위까지 올라가곤 한다.

폭죽이 단순히 오래된 과거 풍습이라고 평가절하할 일은 아니다. 불꽃을 터뜨리며 새해 가족의 건강과 가정의 평강을 진심으로 기원하는 그들만의 전통인 것이다.

한국의 수능시험 기간에 부모님이 학교 앞에 엿을 붙이며 기원하는 마음, 새해 첫날 피곤한 몸을 이끌고 해돋이를 보러 가는 의지, 2002년 월드컵 때 다 함께 "오, 필승 코리아!"를 외쳤던 것과 매우 유사한 형태의 풍습인 것이다.

그러나 춘절기간에 주의해야 할 한 가지가 있다.

춘절기간에는 유명한 관광명소에는 가급적 가면 안 된다는 것이다. 자칫 관광명소를 찾았다가는 중국에 얼마나 많은 사람들이 모일 수 있는지를 실감하고 돌아오게 될 것이다.

당초에 예상하고 준비한 즐거운 여행계획과는 다르게 많은 차질이 생길 수 있으니 참고하기 바란다.

9

중국 교복에
숨어있는 경제학

    중국에도 한국의 수능시험처럼 까오카오高考라는 시험이 있다. 이틀 간 치르는데 매년 6월 7~8일경 치러진다. 지역마다 하루 이틀 차이가 나기도 하는데 한 번에 900만 명이 넘는 많은 수험생들이 시험을 본다.

    까오카오는 미리 시험장소를 알려주는데 시험장소가 발표되면 부유층 사람들은 시험장소 근처 호텔을 한 달간 예약해 학생이 현지적응에 들어갈 수 있게 지원하는 경우가 많다. 수험생 자녀를 둔 부모 마음은 나라를 막론하고 똑같아서 그들의 교육 열기는 한국 못지않다.

    중국의 일반교육은 초등학교와 중·고등학교로 나뉘며 지역의 번호를 따서 68학교, 70학교 등으로 학교 이름을 짓는 곳도 있는데, 우리에게는 다소 생소한 모습이다.

또한 한국과 달리 가을학기부터 새 학기가 시작되어 한국과는 반년의 차이가 나며, 등교시간도 매우 빠른 편이다. 7시 30분부터 시작되는 초등학교도 많다.

그러면 학생들의 복장은 어떠할까?

초등학생은 정해진 운동복 차림에 목에는 빨간색 스카프를 두르고 중·고등학생도 교복을 대신해 학교에서 정해준 운동복 차림으로 등교를 한다.

매일 아침 추리닝 형태의 교복을 입고 자전거를 타고 등교하는 학생들을 보면 마치 과거 흑백영화의 한 장면을 보는 것 같은 착각에 빠질 때도 있다.

한국은 1983년경 완전 교복자율화가 된 적이 있고 1986년부터 복장 선택을 학교 재량에 맡겼는데, 이즈음이 엄청난 변화의 시기였던 것으로 기억한다.

중국도 운동복 차림의 교복이 스마트한 교복으로 바뀌거나 완전 자율복장으로 바뀌는 시점이 되면 상당한 변화를 겪게 되지 않을까 조심스럽게 예상해본다. 왜냐하면 추리닝 교복은 돈이 없어서가 아니라 제도를 바꾸지 못해 유지되고 있는 것이기 때문에 만약 제도가 바뀐다면 젊은 세대들의 욕구에 맞춰 라이프스타일Life style에 상당한 변화를 가져올 것이다.

교복이 자율화된다면 중상류층은 경쟁적으로 좋은 옷을 사 입힐 것이고 서민들도 자녀를 위해서라면 지출을 아끼지 않을 것이기 때문이다. 아마도 교복이 바뀌게 된다면 대도시별로 바뀌게 될 것이다.

스마트한 교복으로 바뀌거나 교복이 완전 자율화되는 시점, 바로 그 시점에 중국의 라이프 스타일과 소비패턴은 분명 또 한 번 크게 출렁이는 큰 전환점을 맞게 될 것이다.

10
그들의 주식主食
: 밥·면·만두

전 세계적으로 여행객이 증가하고 국경 없는 글로벌화가 가시화되면서 중국에서는 전 세계 음식들의 정통화·퓨전화가 진행되었다. 정통과 퓨전의 다양한 음식들을 내놓는 음식점들이 경쟁적으로 늘고 있는 추세다. 한류韓流 열풍과 함께 불고기, 삼겹살, 비빔밥, 치킨, 김치 등 한식韓食문화도 빠르게 자리 잡아 가고 있다.

요리에 대해서는 문외한이지만 잠시 한국과 중국의 음식문화에 대한 개인적인 생각을 이야기하고자 한다.

한국 음식문화는 전통적으로 크게 밥과 반찬의 형태다. 밥을 먹는 음식문화에서는 반찬은 좀 짜고 맵고 자극적인 것들이 궁합에 맞다.

한편 중국은 요리를 함께 나누어 먹는 음식문화다. 요리로 먹으려면 너무 짜거나 자극적이기보다는 다소 담백한 맛이 더 맞고 그 때문에 조미료도 담백한 맛을 더해주는 닭 베이스의 조미료가 많이 쓰인다. 한국에서 '쇠고기 다시다'가 많이 쓰인다면 중국에서는 계정鷄精이라는 '닭고기 다시다'가 주류를 이룬다.

중국 요리는 춘추전국 시대부터 남북의 요리가 서로 다르게 발전하다가 청나라 초기에는 산둥, 쟝쑤, 광동, 사천 4대 요리로, 청나라 말기에는 저장, 푸젠, 후난, 안후이 요리가 더해져 8대 요리로 분화·발전했다. 이러한 요리들은 지면을 통해 많이 소개되고 있는데 지역별로 음식문화가 많이 다른 것이 특징이다.

북방지역은 비교적 짜고 진한 맛을 선호하고 상해를 포함한 화동지역은 담백하고 순하면서 다소 달달한 맛의 음식을 선호한다.

사천지역은 매우 덥고 습해서 모든 음식에 보존성을 높이기 위해 특히 기름이 많이 들어가고 마파두부, 펑바오지딩, 훠구오 같은 한국에서도 잘 알려진 매운 음식들을 많이 먹는다.

광동성 지역은 다채로운 식재료를 사용한 매우 다양한 맛의 요리를 선보이고 있다.

중국의 주식主食은 밥을 포함하여 면麵과 만두까지 크게 세 종류이다.

식사하면서 요리와 같이 먹거나 맨 마지막으로 먹는 것이 밥, 면, 만두 중 하나이다.

그런데 주식도 지역별로 선호도에서 큰 차이가 난다.

밥을 예로 들면 북방지역과 남방지역의 쌀의 크기나 찰기가 전혀 다르다. 북방지역은 쌀의 형태와 찰기가 한국과 유사하고(Short grain) 상해를 포함한 남방으로 갈수록 쌀이 길고 밥이 푸석한 형태(Long grain)를 선호한다.

면麵은 볶은 면과 국물이 있는 면, 면 안에 작은 만두가 들어간 형태가 있고, 면발도 칼국수 면발부터 일반 국수면, 가늘고 얇은 세면 등 매우 다양하다.

만두는 광동지역과 홍콩의 식문화 영향으로 요즘은 얇은 피의 딤섬 종류를 많이 찾고 있지만 전통적인 북방의 만두는 만두피가 두꺼운 게 특징이다. 그 옛날 주식으로 허기를 채우기 위해 자연스럽게 만두피가 두꺼워졌을 것이다.

이러한 주식에 요즘에는 요리용 양념장 라오깐마老干妈도 많이 곁들여 먹는다. 라오깐마는 고추기름과 함께 양념된 복합 장류로서 중국인들에게 매우 인기가 많은데, 이 제품은 밥 위에 놓고 비벼먹든, 면 위에 고명으로 넣어 먹든, 만두에 조금씩 올려 먹든 그 맛과 용도가 중국의 주식에 아주 잘 맞는 양념장이다.

중국도 한국처럼 경제성장이 고도화되면서 점점 바빠지고 개인화되어 가고 있다. 그러다보니 간편식을 찾는 사람들이 늘고 있는 추세다.

여기서 우리는 언제 어디서든 식사가 가능한 가공 '즉석밥' 시장을 생각해 볼 수 있다.

한국의 즉석밥류를 만약 중국 시장에 론칭한다면 그럼 어떻게 사업 계획을 준비해야 할까?

우선 주식이 밥, 면, 만두로 다양하고 쌀의 선호 형태도 지역마다 다른 것을 감안해야 하며, 한국보다 외식이 잦은 중국 식문화의 특성도 생각해야 한다. 그리고 실속 가격대의 도시락, 라면 등 간편성 경쟁제품의 가격대와 대형업체 및 지역별 군소 경쟁업체들도 세밀히 분석해야 한다. 그런 후에 1~3선 도시까지 지역을 정하고 연도별 시장성장율과 시장점유율(MS)을 산정해야 정확한 목표가 산출될 것이다.

즉석밥류 하나를 론칭하려 해도 이처럼 고려해야 할 것들이 많다. 중국에서의 다른 모든 사업도 마찬가지다. 사업과 관련된 모든 환경과 경쟁상황을 거시적 또는 미시적으로 보는 작업들을 수없이 반복하고 분석·검토해야 할 것이다.

11

연변자치구와
백두산

중국에 주재한 이후 식품분야에서 R&D를 기반으로 한 조미료의 제품력은 후발업체임에도 경쟁력이 충분했다. 그래서 조미료사업의 신속한 확장을 위해 식문화가 한국과 유사한 동북3성[註]과 연변자치구 지역도 자주 출장가게 되었다.

연변자치구는 동북3성(요녕성, 길림성, 흑룡강성) 중 길림성 내의 자치구로서 연길을 포함해 용정, 화룡, 안도, 도문, 왕청, 훈춘, 돈화 등 8개의 작은 도시로 이루어져 있다.

중국 내 조선족 교포는 190만 명 규모인데 그중 30만 명 정도가 한국에서 일을 하고 있다고 전해지며, 젊은 사람들은 전문직으로, 여행가이드로, 통역사로 중국 전역에서 일하고 있다고 한다.

때문에 연변자치구 내에는 조선족 교포 인구가 점점 줄어 조선족끼리만 결혼하던 전통이 약화되어 한족과도 결혼하는 사례가 늘어가는 추세라고 한다.

조선족 교포들의 말투는 북한 말투와 비슷하고 대부분 한국어와 중국어를 유창하게 사용할 수 있다.

연변 날씨는 겨울에 바람이 세고 영하 20도 이하로 내려가는 날이 많아 동북3성 지역에서도 매우 추운 지역에 속한다.

연변 조선족들은 인간관계를 중시해 정과 흥이 많고 술도 좋아한다.

연길은 백두산 관광 특수가 가장 큰 수익원이며 특산물로는 인삼이 유명하다.

연길 근처 용정에 가면 윤동주 님의 생가와 윤동주 님이 다녔던 대성학교가 있고, 가곡 '선구자'에 나오는 해란강을 볼 수 있다. 해란강은 지금은 물이 말라 강이라기에는 규모가 작고 초라하다. '선구자' 첫 소절에 나오는 일송정 푸른 솔을 보기 위해 동산 정상에 올라보니 푸른 소나무는 존재하지 않았다. 일본군이 잘라버려서라고 한다. 그 옆에 다시 소나무를 심었는데 아직 왜소해서 명성만큼 자라기 위해서는 꽤나 많은 시간을 기다려야 할 것 같았다.

가장 동북쪽에 위치한 훈춘을 가기 위해 두만강 옆을 지날 때는 육안으로 북한이 보여 묘한 감정이 들었다. 강폭이 좁은 곳은 채 100m가 되지 않아 북한의 모습이 먼발치에서도 보였다. 초소들이 많았지만 겨울에 강물이 얼면 한밤중에 중국으로 넘어가는 것을 막기는 쉽지 않겠다는 생각도 들었다.

도문이라는 지역은 중국과 북한의 국경다리로 연결되어 있어 중조中朝교류가 이루어지는 곳으로 초소의 경계가 매우 삼엄했다.

가장 서쪽인 돈화라는 도시는 지금은 한족들의 이주가 많아 조선족 교포들은 20%도 채 되지 않았다.

중국에 와서 아이들과의 첫 여행지로 여름에 백두산을 찾았다. 백두산을 가려면 지금은 직항 비행항로가 개설되어 있지만 예전에는 연길에서 차량으로 3~4시간을 이동해야 했다. 연길에서 백두산까지 가는 길에는 중간중간 인삼밭이 있고 대부분 끝없는 옥수수 밭으로 이어져 있었다.

백두산은 2/3가 북한의 영역, 1/3은 중국의 영역으로 되어 있으며 중국에서는 장백산長白山이라 불리며 중국 내 10대 명산으로도 선정되어 있다. 중국 태산보다 높은(태산의 높이는 1,545m) 2,744m의 백두산을 올라가는 길이 매우 험할 것 같지만 실제 가보니 의외로 매우 간단했다. 먼저 백두산 입구에서 관광버스로 20~30분 진입한 다음 다른 차량으로 이동하는데, 차량으로 이동하며 주변을 둘러보면 고산지역으로 갈수록 군락을 이루는 나무의 종류가 바뀌는 것을 볼 수 있다. 차량 이동이 끝난 후 다시 사륜구동 차로 갈아타고 굽이굽이 산길을 돌아 백두산 정상 근처까지 다다랐다. 백두산 정상까지는 동산처럼 약간 경사진 오르막길로 걸어서 200m가 채 안 되었다.

사람들은 누구 할 것 없이 천지天池를 빨리 보고 싶은 마음에 한달음에 뛰어올라갔다.

그러나 백두산의 날씨는 변덕이 심해 산 중턱까지 날씨가 맑다가도 천지지역은 금세 먹구름이나 안개가 끼어 10명이 찾아오면 그중 2~3명만 천지를 볼 수 있다고 한다.

감사하게도 우리 가족은 천지를 직접 볼 수 있었다. 산벽으로 둘러싸여 있는 파란색의 잔잔한 호수인 천지! 그 영험한 기운을 고스란히 느낄 수 있었다. 그 높은 산에 파란 빛깔을 담은 천지는 말 그대로 하늘에 닿는, 아니 하늘을 담은 호수 같았다.

천지에 서서 맞은편 북녘 땅을 바라보자니 마음이 짠했다. 중국을 경유해 백두산을 방문한 한국 관광객 중에는 단체로 애국가를 부르는 사람들도 있었고 백두산의 돌과 흙, 그리고 천지의 물을 담아 가는 사람들도 보였다.

중국 여행지를 고민하는 분들에게 꼭 추천하고픈 지역 중의 하나가 바로 백두산이다. 최근에는 다시 화산폭발의 여러 징후가 있다고 하니 서두르는 것이 좋을 듯하다.

연변지역을 출장 갈 때마다 조선족 교포의 지역 유지들와 대리상들을 만나고 연길 서西시장의 상인들을 보게 되는데, 그때마다 느끼는 것은 "그동안 한국 정부에서는 과연 조선족 교포들을 위해 무엇을 해주었을까" 하는 것이었다.

조선족 교포가 가장 많은 연변지역과 백두산을 이야기하다 보니 문득 질문 하나가 떠오른다.

"현재 중국에 살고 있는 조선족 교포는 한국인일까, 아니면 중국인일까?"

12

중국에서 바라보는
미묘한 한반도 주변 문제들

대한민국을 지칭할 때 한반도라는 말을 자주 사용한다. 하지만 중국에서는 북한을 조선^{朝鮮}이라 부르고 한반도라는 말 대신 조선반도^{朝鮮半島}라는 말을 사용한다. 이는 중국과 북한의 관계가 동맹 이상의 관계임을 보여주는 단적인 예라고 생각한다.

한국과 미국이 전략적 동맹관계라고 한다면 중국과 북한은 혈맹관계라고 말한다.

한중^{韓中}수교가 1992년 이루어져 25주년이 되어가지만 북중^{北中}수교는 1949년 결성되어 곧 70주년을 바라본다. 이러한 북중관계이기 때문에 최근 사드(THAAD) 배치 문제가 불거졌을 때도 중국에서 바라보는 시각은 한국에서의 시각과 많이 다름을 체감했다. 더 나아가 중국 일반 국민들은 현재의 남한과 북한의 적대적 관계를 잘 이해하지 못한다고 봐도 좋을 것이다. "정말 북한에는 갈 수 없는가?"라는 수많은 중국 사람들의 질문이 그것을 대변한다.

사드 갈등이 심해져 A마트의 영업이 정지됐을 때 북경에서는 택시 타기가 겁났다는 얘기를 듣기도 했고, 개인 사업을 하는 분들의 자녀들이 중국학교에서 한동안 따돌림을 당했다는 이야기도 많이 들려왔다. 중국에서 십수년 사업을 했던 사람으로서 너무나도 마음이 편치 않은 부분들이다.

사업이든 일이든 학업이든 간에 중국에서 한국을 정확히 알리는 것도 중요하지만 이러한 북중관계와 중국인들의 인식을 알고 주의해서 대처하는 자세도 매우 필요하다.

한반도는 삼면이 바다인데 동해^{東海}와 남해^{南海}, 그리고 황해^{黃海}(또는 서해^{西海})로 둘러싸여 있다. 이 중 독도와 함께 계속 시비가 되고 있는 것이 '동해' 표기 문제다. 우리 한국은 '동해'라고 하는데 일본은 '일본해^{日本海}'라고 우기고 있다. 최근 일본은 훗날 국제재판소까지 갈 것을 염두하고 그 담당자들을 미리 섭외해 나가고 있다는 얘기까지 매스컴에서 심심찮게 듣고 있다.

그렇다면 동해^{東海}를 중국의 입장에서 다시 살펴보면 어떠할까?

중국은 동쪽이 모두 바다인데 맨 위가 발해^{渤海}, 그 아래가 한국과 같이 황해^{黃海}, 그 아래의 상해 동쪽 부근을 동중국해^{東中國海} 또는 동해^{東海}

라고 하고 맨 아래쪽을 남중국해^{南中國海}라고 칭한다. 동해는 다시 동해 북부·중부·남부로 세분하기도 한다.

그런데 한국에서 동해라고 하면 중국의 동해와 혼돈이 되어 중국 사람들은 무슨 말을 하는지 이해를 잘 못하는 경우가 많다. 일본이 동해를, 일본을 기준으로 서쪽을 의미하는 서해가 아닌 일본해라고 말하는 것처럼 우리도 지금부터 한국해^{韓國海}라고 표현을 정정하는 것은 어떨까? 지금부터라도 동해를 한국해로 고치고 철저한 계획하에 국내 매스컴뿐만 아니라 근접한 나라, 중국부터 시작해 국제사회에 한국해(동해)를 알리는 작업을 해 나가야 한다고 생각한다.

안타까운 현실은 이미 중국 내 지도에서 표기됐거나 표기되고 있는 많은 부분들이 동해를 일본해로 표기하고 있다는 사실이다. 이러한 현상은 점점 늘어날 것이 자명하기에 정부와 민간단체가 함께 지체 없이 준비하고 대처해야 할 중대한 사안이다.

한·중·일 3국 사이에 얽힌 역사적 문제에 대해 일본은 어떤 면에서는 매우 교활하고 치밀하다. 반대로 한국은 너무 느긋한 것이 아닌가 생각된다.

일본의 치밀함이 어느 정도인지 예를 하나 들어보겠다.

일본의 대형양판점 중에 이또요까도^{ItoYokado}라는 마트가 있다. 중국에는 북경에도 있고 사천성 청두^{成都}에도 있다. 이 양판점의 중국식 표현을 보면 이텅양화탕(이등양화당,^{伊藤洋華堂})이다.

이텅양화탕의 '이텅^{伊藤}'은 우리 안중근 의사가 저격한 바로 그 이등

박문(伊藤博文, 이토 히로부미)이다. 이토 히로부미가 누구인가. 그는 일본에서는 추앙받는 인물일지 모르지만 한반도와 동북아 평화를 짓밟아 이루 말할 수 없는 고통과 해악을 끼친 인물이 아닌가. 그런데 일본은 대형양판점의 이름에 그의 이름을 당당히 쓰고 있다. 로고Logo에도 아이러니하게 평화의 상징인 비둘기를 사용하고 있다. 그러나 일본의 치밀함은 여기서 끝나지 않는다. 북경에 있는 마트에서는 이등박문의 이름을 밝히지 않는 조심스러운 모습을 보인다. 화탕華堂만으로 뜻을 숨겨 표현하고 있는 것이다. 정치적인 도시인 북경과 대학살이 일어났던 남경 등 일본을 혐오하는 지역에서는 사업을 함에 있어서 극도로 신중하게 전개한다. 반면 경제적으로 발전하고 있는 상해, 광주, 심천 등과 동북의 침략 교두보였던 대련, 그리고 그동안 전쟁이 없어 일본에 대해 특별한 혐오감정이 없는 사천성 지역의 청두成都에서는 사업을 매우 활발히 확대진행하고 있다. 사천성 청두成都에서는 이팅양화탕 그대로 마트 이름을 사용할 뿐만 아니라 청두 주민들은 이를 줄여 앞부분인 이팅

〈대형 양판점 이팅양화탕〉

伊藤 이라고 부르기도 한다.

청두 사람들은 "이텅 앞에서 오후 2시에 만나자" 이렇게 약속하곤
한다.

이를 듣고 일본 사람들이 속으로 흡족해할 것을 생각하면 몹시 씁쓸
하다.

한반도韓半島와 조선반도朝鮮半島,

동해東海와 일본해日本海,

그리고 이텅양화탕 伊藤洋華堂.

이 극명한 입장 차이를 우리는 철저히 알고 대처해야 한다.

여러 차례 언급하였지만 중국에 살면 살수록 오히려 중국을 한마디
로 설명하기가 어렵다. 그렇기 때문에 중국을 알아가는 과정은 반드시
필요하며, 특히 사업을 위해서는 중국을 이해하는 과정은 가장 기본이
며 필수조건이 될 것이다.

13

중국
동사장들을 만나며

한국에서의 오너^{Owner}, CEO를 중국에서는 동사장^{董事長}이라고 부른다. 중국 동사장^{董事長}들을 수없이 만나면서 그들의 사업철학과 사람을 다루는 방법 그리고 개인 가치관 등에 대해 배울 수 있었던 것은 개인적으로 매우 소중한 경험이었다. 물론 그 반대로 자격이 부족한 동사장의 경우도 있었다.

동사장들의 성향을 꼭 집어 설명하기는 어렵지만 대체적으로는 이렇다.

그들은 크게 생각하고 멀리 본다. 추진력이 매우 강하고 상대방에게 본인을 쉽게 드러내지 않는다. 회의 때나 또는 개인적 교류에서도 그들은 정치·경제 등 최근 이슈들로 시작해 자연스럽게 미팅을 주도해 나가는 스킬을 보여준다. 그러한 노련미는 하루아침의 노력으로 되는 것이 아닐 것이다.

'마상행동馬上行動'이라는 독특한 가치관을 집무실 안에 크게 붙여놓은 사천성 청두의 동사장이 있었다. 한국 표현으로는 '생각하고 준비한 것은 바로 행동에 옮긴다'라는 뜻이다.

그래서일까, 이 동사장은 사업의 추진이나 업무의 진행속도가 엄청나게 빨랐다.

어떤 사안을 소개했다 싶으면 벌써 다음 미팅 때 이미 꽤 진척을 시켰거나 상황종료를 시켜놓은 경우가 많았는데 '빨리빨리 정신'에 길들여진 한국 사람의 눈으로 보아도 매번 빠른 진행에 혀를 내두를 정도였다. 그가 그렇게 빠르게 일을 진행시킬 수 있었던 것은 말을 내뱉기 전에 이미 수많은 상황들을 검토하고 추진 중이거나 마무리단계의 실행만을 남겨 두고 말하기 때문이다. 말을 밖으로 꺼낼 즈음이면 이미 모든 것이 끝나 있는 상황인 것이다. 그렇다고 그가 직원들에게 마상행동을 강요하는 스타일은 아니었다. 스스로 마상행동의 모습을 솔선수범하면서 사업을 운영했다.

광동성 출신의 한 동사장은 본인의 집무실은 물론이고 직원들 사무실과 교육실 등 곳곳에 다음과 같은 문구를 붙여 놓았다.

"只爲成功找方法, 不爲失敗找理由"

한국어로 번역한다면 "성공하는 사람은 방법을 찾고 실패하는 사람은 변명할 이유를 찾는다"라는 뜻이다. 이것은 그가 가난했던 어린 시절부터 가져온 가치관이라고 했다. 그러면서 요즘 젊은 직원들이 변명과 이유를 늘어놓는 것에 대해 매우 못마땅해했다.

그는 자기 직원들에게 수없이 이 문구를 강조하며 교육시키는데, 그래도 변화되지 않는 직원들이 있다면 교체할 수밖에 없지 않느냐고 말했다.

광동성의 또 다른 동사장은 JV(Joint Venture, 합작투자) 업체와 어려운 경영실적을 공유하는 동사회(일종의 이사회, 경영설명회) 자리에서 "동종업계를 비교해 보면 우리가 잘하고 있는 부분이 많았다"며 질책보다는 오히려 잘한 부분을 격려를 해주고, 저녁 식사 자리에서까지 분발하자며 건배를 제의했던 모습이 기억난다.

중국의 사자성어 중 이런 표현이 있다.
"의인부용 용인부의 疑人不用 用人不疑"
"의심스러운 사람은 쓰지를 말고 사람을 썼으면 의심하지 마라"
동사장들과 교류를 하면서 많이 나누었던 사자성어 중에 하나였다. 나는 '믿을 만한 사람을 찾기 어렵기 때문에 오히려 생겨난 말이 아니냐'며 그들에게 되묻기도 했다. 그러자 어느 동사장은 이 사자성어 표현도 이제는 바뀌어야 한다고 말했다.
"의심하는 사람은 투명하게 의심해야 하고 사람을 쓰면서도 투명하게 의심할 수 있다"라고 말이다.

한번은 북경의 어느 동사장이 "최근에 너무 바쁘지 않냐?"고 물어왔다.

"바쁘긴 하지만 항상 그래왔고 당신도 바쁘지 않냐?"고 반문하자 그는 "모든 리더가 겪어야할 신고(신쿠,辛苦)가 아닌 명고(민쿠,命苦)가 아닐까요?"라고 답했다.

그 말은 바쁘고 고된 수고로움이 단순한 어려움이 아니라 리더라면 마땅히 져야 할 사명이라는 뜻이다. 리더라면 한번쯤 생각해 봄직한 너무도 멋진 표현이 아닌가 싶다.

현장사례

함께라면
할 수 있다

폭설도 막지 못한 새벽시장 판촉전

2006~2008년 북경에서 중국 북방지역을 타겟으로 조미료 론칭을 하던 때의 일이다.

중국에는 계정(닭고기 다시다)이 주력 조미료로서 전국에 2,000여 개 브랜드가 존재했으며 북경에만도 100여 개 브랜드가 치열한 경쟁 중이었다. 당시 글로벌 기업인 네슬레와 유니레버가 1위, 2위를 차지하고 있었다.

조미료시장은 양 축의 큰 유통 취급경로가 있었다. 대형 할인마트, 중소형 마트 등 일반 유통업체와 거래하는 리테일Retail 경로와 단체급식, 식당, 도매상 등 식자재를 납품하는 업소와 거래하는 캐더링Catering 경로이다.

일반 리테일 경로의 취급율을 올리는 것은 기본적인 활동이었다. 더불어 중국은 특별히 외식문화가 강해 60% 이상의 시장을 차지하는 식당경로와 재래도매시장의 캐더링 경로(한국은 규모나 시장이 작음)를 공략하는 게 관건이었다.

브랜드도 전혀 알려져 있지 않은 상황에서 작은 영업조직으로 유통망을 구축하며 물량을 키워나가는 작업은 결코 쉽지 않은 일이었다. 당시 우리 회사의 북경 조미료 시장점유율(MS)은 3% 수준으로 미약했다. 이를 정면 돌파하는 방법으로 '게임의 룰'을 바꾸기 위한 '판촉전담팀'을 신설했다.

리테일 경로에서 대형 할인마트는 한국보다 수적인 면에서도 많았고 경쟁 정도도 더 치열했다. 의욕과 열정이 넘치는 매장 내 판촉사원들을 채용해 매월(필요 시 월 2회) 집중교육을 해나갔으며, 판촉전담팀은 현장을 순회하며 코칭도 하고 격려도 하면서 부적격 인력은 교체해 나갔다.

그때까지 경쟁사들은 조직이나 규모는 컸지만 체계적인 교육은 제대로 되지는 않은 상태였다.

우리의 주 교육 내용은 손님에게 자신감 있고 친절하게 권유판촉하는 매뉴얼을 달달 외우게 하는 것이었고, 경쟁사를 포함한 모든 할인매장 제품진열 상태를 '매장이력카드'를 만들어 비교분석하게 하는 것이었다. 매장이력카드를 만들면 판촉전담팀에서 자체적으로 진열MS를 비교하고 매출MS를 연계해 실적을 분석해 나갔다.

가장 수요가 큰 춘절, 국경절 같은 명절 기간에 영업본부장이었던 나는 직접 현장을 돌며 홍빠오(紅包, 격려금)를 전달하여 사기를 돋우었다. 홍빠오 금액은 보통 100위안元(한화 17,000원)인데 판촉사원 월급여가 1,200~1,500위안이었던 것을 감안하면 많지도 적지도 않은 적정한 수준이었다.

홍빠오를 전달할 때는 경쟁사 판촉직원들이 있는 앞에서 격려를 한 후 전달했다. 그러면 경쟁사 판촉직원들은 "다녀간 사람이 누구냐? 얼마를 주고 갔느냐?" 묻는 눈치였고 우리 회사의 판촉직원은 금액을 떠나 어깨를 으쓱하며 더 큰 목소리로 고객들을 불러 모았다.

명절 2~3일 기간에 15~20개 매장을 순회하면서 홍빠오를 전달했는데, 직원들과 일체감이 되었던 순간들이 지금까지 너무나 소중한 기억으로 남아있다.

그 이후 성과는 어떠했을까?

50여 명의 정예 판촉직원들은 진심을 다해 너무나도 열심히 일해 주었다.

6개월 만에 2위 업체인 유니레버를 제쳤고 30개월 만에 시장점유율 3%에서 40%로 급성장하며 1위 업체인 태태락(네슬레 계열) 41%와의 1% 이내 격차까지 따라잡았다. 물론 그사이에 경쟁사의 가격할인 및 물량공세가 심했지만 우리 회사는 정예 판촉직원들의 성실과 근성으로 그 모든 것을 감당해 냈다.

캐더링 경로의 공략도 쉬운 일이 아니었다.

한국에는 특화되지 않은 재래도매시장 유통경로였기에 처음에는 어떻게 할지 매우 난감했다. 하지만 정면 돌파하기로 결정하고 '새벽시장 특별판촉'을 전개해 나갔다. 15명 정도로 새벽시장 판촉팀을 구성했는데 팀 구성원은 영업사원 10여 명에 마케팅, 스탭 등 다른 부문도 함께 참여시켰고 영업본부장인 나도 동참했다.

판촉활동은 여름에는 재래시장에서 6시에, 겨울에는 날이 밝아오는 7시에 시작했다.

당시 북경에는 120~150개의 점포를 갖고 있는 대형 재래시장이 북경의 동서남북의 외곽에 7개가 자리 잡고 있었고, 도시 내에 70~100여 개의 점포를 가진 중형 재래시장이 8개가 있었다.

처음 새벽시장 판촉을 나가는 날에는 빨간색 외근복장을 만들어 착용하게 했는데 직원들의 반발이 이만저만이 아니었다. 중국은 빨간색, 주황색 계열의 복장은 청소부, 용역업체들이 많이 입는 컬러Color로 인식되어 있었던 것이다. 그렇지만 회사 조미료의 메인 컬러가 빨간색임을 소구 포인트로 전달해야 했기에 본부장인 내가 직접 착용하고 나섰다. 나는 "함께 해보자"며 간신히 직원들을 달래서 새벽시장 활동을 시작할 수 있었다.

새벽시장 판촉활동을 위해 우리는 먼저 재래시장 내 큰 도로상에 제품을 진열했다. 그리고 본부장인 내가 그날의 목표를 확인시키고 자체적으로 만든 판매가와 구호를 외치고 시작했다. 나중에 300~500박스로 증가하긴 했지만 당시에는 보통 하루 200~300박스를 판매하는 것이 목표였다.

그런 우리들의 모습이 생소했는지 재래시장 점포 주인들은 우리를 빙 둘러싸고 지켜보았고, 어떤 때는 박수까지 쳐 주었다.

재래시장 내 활동은 크게 세 가지였다.

첫째, 회사와 제품 브랜드를 알리는 작업을 해나갔다.

둘째, 점포에 각종 POP와 홍보물을 부착해 존재감을 알렸다.

셋째, 당일 목표 할당 물량은 반드시 그날 안에 판매하도록 했다.

보통 활동을 마치면 오전 11시경이 되는데 목표 물량을 모두 판매하면 다 같이 간단히 3위안元짜리 국수를 먹으며 그날의 일들을 자랑삼아 나누곤 했다.

중국에서는 아침에는 현금거래를 하지 않는 관습이 있다. 그래서 우선 판촉으로 한 바퀴 먼저 돌고 난 뒤 두 번째 순회 때는 물량을 확정짓고 수금을 했다. 어떤 점포는 모르는 제품이기에 1~2박스만 사입하면 안 되느냐고 했지만 최소 판매물량을 5박스로 못 박고 고집스럽게 지켜나갔다. 영업에서는 Push & Pull 전략의 밸런스Balance가 중요한데 5박스 정도 사입이 되어야 도매점주도 부담을 느끼고 찾아오는 고객들에게 한번 써보라고 자연스럽게 권유판촉을 하게 되기 때문이다.

이러한 새벽 판촉활동을 15개의 재래시장별로 두세 번씩 전개하니 6개월이라는 시간이 지났다.

그 사이에 도매시장 내 50~60개 조미료 브랜드 중 당사 제품의 진열

MS가 3위 안에 들어가는 실적을 거두었다.

도매시장을 돌다보면 5박스 사입했던 제품이 거의 팔려 상단에 1~2 박스 남아 있는 것을 보게 되는데 그럴 때는 직원들도 나도 자신감이 저절로 샘솟았다.

3년간 북경지역에서 이러한 새벽시장 특별판촉을 120여 회 전개했고 나도 100여 회 이상 참석했다.

수많은 행사 중에서 지금도 또렷이 기억나는 행사가 있다.

2008년 1월 겨울 어느 날이었다. 7시에 15명이 모여 새벽시장 특별판촉을 하기로 했는데 예상치 못한 문제가 생겼다. 밤사이 무려 40~50cm에 달하는 폭설이 내려 도로가 완전히 마비된 것이다. 저녁부터 내린 폭설 때문에 도로에 차를 내버려두고 전철을 타고 가는 사람도 많았을 정도였다.

나는 행사를 연기할지 취소할지 고민하다 그대로 진행하기로 결정했다.

그날은 운전기사와 함께 평소보다 더 일찍 출발했음에도 행사 시작 5분 전인 6시 55분에야 가까스로 도착할 수 있었다. 차 안에서 도로의 쌓인 눈을 보며 너무 무리하게 강행했다는 후회도 들었고, 직원들이 거의 오지 못했을 것이라는 생각도 들어 착잡한 마음이었다.

그런데 막상 도착해보니 이미 7명이 와 있고 좀 늦긴 했지만 7시 10분이 되니 7명이 더 도착했다. 나머지 한 명은 8시 30분에야 도착했다.

우리는 7시 10분에 정해진 매뉴얼대로 행사를 시작했는데 그날은

웬일인지 당일 목표물량인 300박스를 보통 때보다 한 시간 빨리 팔 수 있었다. 지금 생각하면 도매시장 점주들이 아마도 우리들의 열정에 감동을 받아 사입해준 것 같았다.

행사를 모두 마치고 직원들에게 물어보았다.

"나는 승용차를 타고 왔지만 너희들은 택시도 없고 전철역도 먼데 어떻게 제 시간에 온 거야?"

처음에는 모두 말들이 없었다.

한 직원이 먼저 입을 열었다.

"밤새 눈 오는 것을 보고 사실 한잠도 못자고 출발했어요."

순간 모두 부둥켜 안고 누구라고 할 것 없이 조용히 눈물을 흘렸다. 그때 우리 모두의 가슴속에는 일체감과 진한 동료애, 자신감 등이 뜨겁게 차오르고 있었다.

"그래. 이런 직원들이라면 할 수 있어!"

그때 가졌던 자신감과 직원들에 대한 고마움은 영원히 잊지 못할 것이다.

결국 중국에서의 사업은 직원들이 얼마나 큰 열정을 갖고 실행하느냐에 달려있다고 볼 수 있다. 잘할 수 있다는 서로간의 믿음을 바탕으로 함께 노력하고 격려해주는 하나 된 팀워크라면 중국에서의 어떤 사업도 해볼 만하다는 생각이다.

잊지 못할 내몽고 출장, 그리고 진한 동료애

조미료사업을 했던 2008년 5월, 영업마케팅 총경리(본부장)을 맡았을 때의 일이다.

조미료사업은 일반 소비자, 식당, 도매시장 고객들 못지않게 B2B의 대형물량을 다루는 거래처를 확보하는 것이 큰 과제이다.

대형 거래처를 개척해 나가던 어느 날, 샤브샤브(훠구오)를 전국 1·2위로 취급하는 업체들을 만나기 위해 내몽고 자치구에서 두 번째로 큰 도시인 바오토우(包头)로 출장을 가게 되었다.

산하조직인 영업과 마케팅 인력 외에 연구소 연구원까지 지원받아 8명이 아침 7시 30분 비행기로 바오토우로 이동했다. 제품 샘플, 카탈로그, 선물세트까지 바리바리 준비해서 출발했다.

출장을 자주 다녀본 사람들은 잘 알겠지만 7시 30분 비행기를 타려면 이른 아침부터 바쁘게 움직여야 한다. 참고로 북경에서 바오토우까지는 비행기로 2시간이 채 걸리지 않는다.

그날 목표는 점심 때 전국 2위인 B업체를 미팅하고 오후 4시경에 1위 업체인 A업체를 미팅하는 것으로 일정을 잡았다.

B업체와의 미팅은 비교적 순조로웠다. 점심과 함께 준비해온 회사의 샘플로 실제 샤브샤브 요리를 시식해 보았다. B업체에서도 총경리와 연구소 직원들이 함께 참석해 직접 맛 테스트를 했다. 실험기구를 활용하여 맛의 배합비와 지속성 테스트를 현장에서 한 결과 바로 통과할 수 있었다. 단계적으로 우리 회사 제품을 사용하기로 확정하고 B사를 나왔다.

B사를 나와 우리는 전국 1위인 A업체로 큰 기대감을 가지고 이동했다. A업체는 B업체보다 규모는 두 배 이상 크고 전국에 직영식당만도 400여 개에 이르는 명실상부한 대형 거래처였다.

미팅 약속 시간보다 20분 이른 3시 40분경 도착해 공장 입구 정문 옆 대기실에서 기다렸다.

그런데 약속 시간인 4시가 지났지만 우리를 찾지 않았다. 함께 동행한 영업사원과 영업부장이 어찌된 일인지 계속 확인해 보았지만 회답도 없이 4시 30분을 넘기고 있었다.

"무슨 급한 일이 있겠지"하며 기다려 보자고 했던 나도 서서히 부아가 올랐다.

4시 50분경, 나는 더 이상 참지 못하고 "다음에 다시 날을 잡아 오겠다"고 전하라고 했다. 그러자 금세 만날 수 있다는 연락이 와서 우리는 화를 삭이며 다시 자리에 앉았다. 그 뒤로 30분이 지난 오후 5시 20분경이 되어서야 미팅이 성사되었다.

"오늘은 인사만 하고 다음에 다시 만나자고 하겠다."

나는 함께 간 직원들에게 그렇게 말하고 공장 내 동사장 집무실로 이동했다. 집무실에 도착하니 바로 집무실 안으로 안내되었다.

그런데 그 자리에서 지금 생각해도 심히 불쾌한 장면을 목격하고 말았다. 동사장이 나를 포함한 일행에게 미안하다는 사과는커녕 인사도 없이 자신의 자리에서 담배를 피우며 우리를 맞는 게 아닌가. 그러면서 되레 본인을 만나자고 했느냐고 우리에게 물어왔다.

함께 간 직원들은 뭔가 잘못됐다는 것을 느꼈는지 나와 동사장을 번갈아 보며 어쩔 줄을 몰라했다. 나의 머릿속도 복잡했다.

A기업이 대형 기업이고 우리 회사가 아직 알려지지 않은 중소기업이라서 그랬는지, 자신은 동사장이고 나는 영업마케팅 본부장 직급이라서 그랬는지, 아니면 미팅에 큰 의미를 두지 않은 채 그냥 한번 만나주자는 심산이었는지는 모르겠다.

직원들 앞에서 내 체면도 있으니 다음에 보자고 하고 문을 박차고 나올까도 생각했다. 하지만 다시 이성을 찾아 회사와 제품을 단순히 알리려고 했던 계획에서 한발 더 나아가 보다 상세히 자신감 있게 회사와 제품을 소개해 나갔다. 직접적인 중국어 소통이 가능했지만 일부러

통역을 써서 더욱 차분하게 설명했다.

15분 정도 흘렀을까, 제품설명이 거의 끝나갈 무렵, A사 동사장이 자리에서 일어나더니 서서히 내 앞으로 와 담배 한 대를 권하며 말했다.

"오늘 공장 이전 문제로 중요한 동사회가 있었는데 생각보다 결정 시간이 많이 길어졌습니다. 이해해 주십시오. 정말 미안합니다."

나는 다음에 시간을 다시 잡아 바오토우, 또는 북경에서 제대로 다시 제품 설명회를 가졌으면 좋겠다며 빠른 시일 내에 다시 만나자고 제안했다. 그러자 동사장은 흔쾌히 제안을 수락하며 오늘은 당신에게 너무 미안하니 용서를 바라는 마음으로 식사를 대접하고 싶다고 했다. 계획에 없었던 일이었고 저녁에는 또 다른 약속이 있었던 우리는 다음에 하자고 손사래를 쳤다. 하지만 결국 A사 동사장은 나를 태우고 본인이 직접 운전해서 A기업 전국 400여 개 직영식당 중 1호점으로 이동했다. 그 자리에서 백주白酒를 얼마나 마셨는지는 상상에 맡기련다.

그 이후에 A업체와의 제휴는 기존 납품하던 회사의 방해공작이 심했음에도 불구하고 그 다음 달부터 초도물량 사입 후 꾸준히 물량이 증가하는 성과를 거두었다.

계획에 없던 저녁식사를 마친 우리는 또 다른 일정을 위해 후하오트어呼和浩特로 향했다. 내몽고는 중국 내 자치구 중 하나로서 초원이 많고, 양羊이 많고, 술이 세기로 유명한 지역이다.

내몽고에는 성도省都인 후하오트어에 2명, 바오토우에 2명 해서 캐더링 경로의 영업사원들이 4명이 있었다. 당초 저녁 일정은 바오토우 일정을 마친 후 후하오트어로 넘어가(차량으로 2시간 소요) 직원들과 7시 이후 늦게라도 함께 식사를 할 계획이었다. 그런데 A업체 동사장이 갑자기 식사 제의를 하는 바람에 약속을 지킬 수 없게 되었던 것이다.

밤 10시 30분경이 되어서야 후하오트어에 다다랐다. 도착해 보니 우리가 묵을 호텔 앞에서 직원 2명이 우리 일행을 기다리고 있었다. 미리 식사를 하라고 말은 했지만 혹시나 하는 마음에 직원들에게 물었다.

"저녁식사는 했나?"

"조금만 더 기다리면 오실 것 같아 기다리다 때를 놓쳤습니다."

이 말을 듣는 순간 감동스럽고 미안한 생각에 마음 한구석이 저려 왔다.

나는 근처에 식사할 곳이 있는지 찾아보라고 했다. 그러나 너무 늦은 시간이라 식당이 없었다. 결국은 호텔 1층 커피숍에서 간단한 빵과 외부에서 사온 캔맥주를 마시며 나는 이런 이야기를 했다.

"오늘 정말 미안하게 됐다. 자주 찾아오지도 못하는데 저녁 약속마저 어겼으니. A업체 납품개척도 중요하지만 나는 후하오트어에 있는 우리 직원이 더 중요하다. 이번에 출장 온 영업, 마케팅, 연구소 부문과 내몽고 영업사원 모두의 노력은 반드시 큰 성과로 나타날 것이다. 정말 고생들 많았고 나는 여러분들을 믿는다."

그날 북경에서 출장 간 8명은 현지 내몽고 지역 4명의 영업사원들과 함께 호텔 커피숍에서 돌아가며 건배를 제의하고 구호도 외치면서 큰 승리를 이룬 성취감으로 하나가 되었다.

그때의 기억은 지금도 소중히 간직하고 있다.

거래처 동사장이든 직원들이든 진정성은 통한다.

혹 당장은 아니더라도 시간이 지나면 진정성은 반드시 빛을 발할 것이다.

영화관 오픈식에 반드시 참석하는 이유

영화관을 하나 오픈하려면 1년 전부터 디자인설계 작업을 시작하고 최소 6개월의 공정기간을 거쳐 오픈하게 된다. 영화관은 대형스크린과 객석으로 구성되어 실내에서 오픈행사를 치르기에는 매우 적절한 공간이다.

최근 5년간 나는 영화관 70여 개의 신규 오픈을 하며 거의 매번 오픈행사에 참석해서 직접 축사를 했다. 쇼핑몰과 영화관을 동시에 오픈하는 날에는 쇼핑몰 오픈행사에 VIP로 참석하여 축사를 마친 후 다시 영화관에 와서 자체 영화관 오픈식을 치른 경험도 여러 차례 있다.

매년 영화관 신규오픈을 15~25개, 전국 각지에서 해야 했기 때문에 오픈식도 매뉴얼화 시켜 전국 모든 곳에서 동일한 유형으로 치르게 했다.

기존의 다른 경쟁사 영화관이 오픈 행사 때 VIP들의 축사와 테이프 컷팅 위주로 행사를 치렀다면 우리는 축사나 오픈컷팅 외에 세 가지 정도를 차별화시켜 오픈식을 거행했다.

하나는 오픈을 하기까지 6개월의 모든 공정과정과 직원채용, 교육과정, 오픈을 알리는 사전 판촉활동들을 4~5분 정도의 영상물로 자체 제작해 상영했는데 그 반응이 매우 좋았다. 이것은 각 영화관의 오픈 과정을 기록문화 차원에서 남기고 싶었던 결과이기도 하다. 이 오픈과정 동영상은 이후 본사에서 월 조회 때에 다시 상영해 주었다.

또 다른 하나는 정직원들을 VIP와 손님들에게 정식으로 소개하고 오픈 테이프 컷팅 때는 영화관의 점장을 참여시킨 점이다. 영화관 오픈 행사는 외부 손님 못지않게 직원들의 노고로 이루어진 총체적인 결과물이기에 내부 행사로 치면 큰 잔치이기 때문이다.

세 번째로 차별화 시킨 점은, 오픈식에 정직원, 파트타이머, 직원들의 가족과 친구들을 모두 초청한 것이다. 오픈식을 자주 하다 보니 객석에 인력을 동원하는 일을 부담스러워한다는 사실을 알았다. 그래서 직원들과 그들의 가족 및 지인들을 초청하도록 했고, 초청된 분들을 위해서는 팝콘과 음료를 무료로 제공하고 오픈기념 영화도 상영했다.

법인장직으로서 오픈식을 매번 참석한다는 것은 쉽지 않은 일정이다. 출장을 포함해 거의 1.5일의 시간이 소요되기 때문이다. 하지만 일정을 앞뒤로 조정하더라도 최대한 오픈식에는 반드시 참석한다는 원칙을 세웠는데 그 배경에는 다섯 가지 이유가 있었다.

첫째, 쇼핑몰 개발을 위한 VIP들과의 교류 때문이다.

중국은 대형 쇼핑몰 문화이고 쇼핑몰 안에 영화관이 들어가 있는 형태이기 때문에 오픈식에는 쇼핑몰의 동사장, 총경리급들의 VIP를 초청하게 된다. 오픈식에 참석하면 그들을 자연스럽게 만날 수 있다.

중국 쇼핑몰 사업을 하는 대형 개발상의 외형은 영화관 사업과 비교도 안 될 정도로 그 규모가 거대하다. 이러한 개발상의 주요 Post들을 VIP로 만나고 영화관에 대한 좋은 인상을 주는 작업은 이후 또 다른 쇼핑몰을 세울 때 자연스럽게 영화관을 하나 더 늘리는 계기가 될 수 있다.

둘째, 오픈하는 지역의 중국 정부 고위층들과의 교류 때문이다.

오픈식에는 그 지역의 성·시·구 정부의 유관부서 고위층들을 초청하는데 최근 들어 점점 공직자들이 외부 행사에 참여하는 것을 꺼리는 추세다. 그렇다 해도 최대한 많이 참석할 수 있도록 노력하는 부분이다.

셋째, 오픈 영화관 근처의 기업체들과의 교류를 위해서다.

기업체 VIP들도 오픈 테이프 컷팅에 대부분 참석시키는데, 이 사람들은 단체 영화티켓 판매나 브랜드관 유치 등 마케팅 활동 시 큰 고객이 될 수 있는 사람들이다. 지역의 은행, 대형 학원, 체인 식당 등이 여기에 해당된다.

가령 은행의 경우는 공상·건설·농업·중국 4대 은행 외에 지역에 지점을 확대하려는 초상은행, 교통은행 등과 하얼빈은행 등이다. 영화관 수입 중 현금도 은행에 예치해야 하기에 서로 상생하는 기회가 된다.

넷째, 상권 부근의 경쟁사 동향 파악을 위해서다.

상권 근처의 제1경쟁사, 제2경쟁사를 직접 돌며 현장에 대한 감感이 떨어지지 않도록 하고, 이미 오픈한 도시 내 다른 영화관도 재방문해 제대로 운영되는지 점검하고 새로운 업무 지시도 한다.

다섯째, 오픈을 위해 수고한 매장 직원들을 격려하기 위해서다.

이것은 사실 가장 중요한 오픈식 참석 이유이다.

오픈식을 마치면 바로 직원 사무실에 가서 오픈식에 대해 격려하고 초기년도 목표에 대한 의지를 다진다. 그리고 가능하면 직원들과 점심을 같이하면서 하나 된 팀워크를 만들어 나간다.

이렇게 하는 이유는 영화관의 일 년 매출이 한화로 30~50억 원인 것을 감안할 때, 법인장 없이 점장 주도하에 하나 된 팀워크와 부단한 노력으로 얼마만큼의 성과를 내느냐가 관건이기 때문이다.

많은 이들이 물었다.

오픈식에 어떻게 다 참석하느냐고, 또 권한 위양을 해야 하지 않겠냐고. 하지만 이렇게 영화관 오픈식에 참석함으로써 얻게 되는 복합적인 이득이 많음을 그들은 잘 모를 것이다.

법인장으로서의 영화관 오픈식 참석은 다른 어떤 업무보다도 전략적 부가가치를 올리는 작업이라는 확신은 지금도 변함이 없다.

사례#4

성탄절 새벽에 올라온 보고

영화관은 보통 오전 9시 30분경 첫 상영을 시작해 늦은 밤 11시경에 최종 상영을 한다. 그렇게 되면 하루에 상영관별로 6회차 이상 영화 상영을 하게 된다.

중국은 한국보다는 하루 평균 상영회차가 적은 편인데 지역별로도 그 편차가 매우 크다. 한국보다 더 일찍 시작해 더 늦게까지 상영을 할 수도 있지만, 전기료, 운영 인력 등의 효율을 감안해 상영 시간과 영화 프로그램을 편성한다.

2015년 12월 24일 목요일 성탄절 때의 일이다.

중국은 한국과 달리 성탄절이 휴무일이 아니다. 그러나 해가 지날수록 젊은 층들이 이 날을 휴일 아닌 휴일처럼 즐기고 있다. 영화관으로 보면 큰 대목인 것이다.

한국은 성탄절 즈음에는 24시간 상영하는 영화관도 많지만 중국에서 24시간 상영은 여러 가지로 무리다. 그래서 관람객 확대를 위해 자정 12시 이후에 추가로 1회차를 더 편성하라고 모든 영화관 점장들에게 지침을 내려놓은 상태였다.

심야 상영과 관련해서 1차 보고를 받아보니 60여 개 모든 영화관이 자정 12시부터 새벽 1시 사이에 1회차 추가 편성지침보다 더 많은 1.5회차를 상영하겠다는 것이었다. 나는 심야 상영 시 고객 동선상의 안전강화는 물론 매점 먹거리를 충분히 챙기라고 영업본부에 지시하고 본사에도 안전팀과 IT지원팀의 당직 보강을 지시했다.

그런데 퇴근 시간 직전에 올리는 2차 보고에서 자정 이후 추가로 2회차를 더 상영한다는 보고를 해오는 것이 아닌가. 첫 보고된 1.5회차보다 운영계획이 더 증가한 것이었다. 프로그램 편성팀은 영화관 점장들이 서로 경쟁이 붙어 심야 상영이 더 늘었다고 말해주었다.

자정 이후 추가 2회차 상영, 이것은 점장의 의지만이 아닌 여러 사람들의 협조와 노력이 필요한 일이었다.

평일에 영화를 모두 마치고 최종 종료하는 시간은 새벽 1시 전후가 된다. 때문에 자정 이후 상영 회차를 늘린다는 것은 자연스럽게 최종 마감 시간이 새벽 2시가 넘는다는 것이고 그때까지 영사실을 포함한 운영직원이 최소 7~8명은 상주하고 있어야 한다는 것을 의미한다.

그날 퇴근 후 나는 잠을 이룰 수가 없었다.

"회차를 늘림으로써 관객이 얼마나 늘어날까, 어느 영화관이 최고 실적을 보일까, 혹시라도 영사 사고나 안전사고가 일어나서는 안 될 터인데…."

한 시간 단위로 휴대폰으로 들려오는 전체 상영 실적을 주시하며 여러 생각이 스쳐 지나갔다.

당시 영화관에서는 영화관 마감 보고를 두 종류로 병행해서 했다. 관객과 매점 실적, 영사 사고 유무 등 주요한 지표 위주로 휴대폰 문자로 먼저 간단히 발송하고, 이어서 정식 양식의 이메일로 일일 상영 마감보고를 하게 되어 있었다.

법인장인 나는 이 두 가지 모두를 받아볼 수 있었다. 그런데 새벽 2시가 지났음에도 마감보고를 하는 영화관이 단 하나도 없었다. 새벽 2시 30분경이 되어서야 최초로 보고하는 영화관이 생겼고, 새벽 3~4시 사이에 대부분의 영화관에서 마감보고가 들어왔다. 가장 늦게 보고한 영화관은 새벽 4시 40분에 보고를 해왔다.

나는 언제부터인가 영화관별로 들어오는 문자메시지에 하나하나 회신을 해주고 있었다.

"오늘 최고 실적 신기록이네! 정말 수고들 많았다. 내일도 금요일이라 주말을 앞두고 바쁠 텐데…."

그러면 모든 영화관에서 거의 비슷하게 답신이 들어왔다.

"오늘 실적 최고 신기록입니다. 내일도 걱정 마세요. 화이팅입니다."

그것은 비록 짧은 휴대폰 문자 메시지를 통한 교감이었지만 보이지 않는 곳에서 묵묵히 일하는 '숨은 일꾼'들과의 일체감을 느낄 수 있는 너무나도 소중한 경험이었다. 나뿐만 아니라 숨은 일꾼들도 역시 새벽에 신뢰와 소통의 메시지를 주고받았던 그날을 기억하고 있을 것이다.

앞으로 그들은 틀림없이 전문성과 로열티를 갖춘 허리 인력이 될 것이고 향후 회사에 없어서는 안 될 주요 인력으로 성장해 나갈 것이다.

중국에 계시는 분들께 드리는 제언

중국에서 사업하는 분들께 12년의 중국 주재원 경험을 바탕으로 몇 가지 제언을 드리고자 합니다. 이 제언이 조금이나마 도움이 되었으면 하는 바람입니다.

제언 내용은 크게 다섯 가지입니다.

첫째, 초심初心을 잃지 마십시오.

기업의 주재원으로 사명감을 갖고 중국에 나왔든, 개인의 큰 꿈을 갖고 사업을 성공해 보려고 나왔든, 학생 신분으로 미래를 준비하며 중국어 공부를 위해 나왔든 간에 처음 중국에 발을 디뎠을 때의 초심初心

을 잃지 말아야 합니다.

중국에서의 도전은 예상했던 것보다 훨씬 만만치 않고 어려울 것입니다. 그 순간 필요한 것은 오기입니다. 조금만 더 하면 해낼 수 있다는 스스로에 대한 최면도 중요합니다. 한국인들은 그 어느 민족보다 강한 근성을 가진 우수한 민족임을 기억해야 합니다.

할 수 있습니다! 해낼 수 있습니다! 아니, 반드시 해내야 합니다!

여기서 조심해야 할 것은 "할 만큼 한 것 같은데 왜 일이 풀리지 않을까?"라는 불만이 생기는 시기입니다. 누구나 슬럼프는 찾아올 수 있습니다. 그 시기를 조금만 더 버티고 헤쳐나간다면 반드시 계획했던 그 순간, 성공의 순간을 맛볼 수 있을 것입니다.

하나 더 주의해야 할 점은 '중국에 적용한다'는 표현을 다시 한 번 생각해 봐야 한다는 것입니다. '적응과 타협'은 분명히 다른데 적응한다고 하지만 본인과 타협을 해버리는 경우가 있습니다. 중국에 맞서는 것이 아니라 중국에 자신을 맞춰 버리는 상황들이 있을 수 있습니다. 그러나 절대 자신과도, 그리고 중국과도 적응을 해야지 타협을 보아서는 안 됩니다. 적응과 타협의 경계선은 거의 비슷합니다. 타협하지 않도록 중심을 잡는 게 정말 중요합니다.

둘째, 3년, 5년 후의 모습을 생각하십시오.

기업이든 개인 사업이든 학생이든 앞으로의 3년, 5년의 시간은 매우 중요합니다.

어떤 이유로 중국에 왔든지 간에 바로 지금 이 순간 글로벌의 중심中心 인 중국에 와 있다는 사실만으로도 이미 당신은 앞서 나가고 있는 것입니다.

급변하는 세계정세, 그보다 더 빠르게 변화하는 중국을 생각하면서 앞으로 3~5년 후의 모습은 어떨지 생각해 보십시오. 나아가 내 모습은, 내가 몸담고 있는 사업의 위상은 또 어떻게 변화될 것인지 예상해보십시오.

계획한 대로 성공과 성취감을 누릴 수 있겠다고 생각된다면 당신은 진정 열심히 중국에서 살고 있는 것입니다. 하지만 미래가 불확실하거나 불만족스럽다면 현재 일하는 방식에 승부수를 띄우거나 더 나은 방법을 찾아 시간과 노력을 투자해야 합니다. 그렇게 한다면 분명 당신은 3년 후, 5년 후에 성공한 자신의 모습을 만날 수 있을 것입니다.

셋째, 중국인 친구 5명을 만드십시오.

중국에 있으면서 한국인들끼리만 어울려서는 안 됩니다.

친구親舊(중국식 발음 펑요우 '펑우 朋友')라는 표현은 '오랜 시간 친하게 지내는'이란 뜻을 가지고 있습니다. 과연 내가 중국에서 친구를 만들기 위해 얼마나 노력했는지 생각해 보아야 합니다.

친구라고 해서 꼭 또래일 필요는 없습니다. 공무상이든 사업상이든, 나의 동료이든 직원이든 간에 그 대상은 중요하지 않습니다. 진정으로 속 얘기를 허심탄회하게 꺼낼 수 있고 때로는 도움을 요청할 수도 있는 사람이면 친구입니다. 더 쉽게 표현한다면 한국으로 들어가거나 완전히 복귀했을 때 한국으로 초청하고픈 마음이 든다면 진정한 친구라고 말해도 좋습니다.

이러한 중국인 친구를 최소 5명은 만드십시오. 그러나 5명은 쉽지 않은 인원입니다. 때문에 지금부터라도 더 노력해야 합니다.

스스로에게 물어보십시오.

"지금 나는 과연 몇 명의 중국인 친구가 있는가?"라고.

넷째, 중국어 공부를 더 열심히 하십시오.

보이지 않는 남다른 노력으로 이미 유창하게 중국어를 구사하는 분들이 많습니다.

반면에 통역을 사용하면 된다는 논리를 펴거나 바쁜 일정 때문에 제대로 중국어 공부를 할 시간이 없다고 하는 사람도 많습니다. 그러나 이러한 이유는 모두 변명이라고 생각합니다.

겨우 식당에서 주문할 수 있는 정도, 중국인과 대화하기 애매한 수준, 술자리에서 건배제의가 어려운 수준이라면 중국어 실력향상에 더 매진해야 합니다.

흔히들 말하는 것처럼 아는 만큼 중국어는 들립니다.

익숙한 한자를 사용하고 문화권이 유사한 중국어는 영어보다 한결 공부하기 수월할 것입니다. 이쯤 하면 되었다고 생각하지 말고, 중국 방송을 들을 수 있고 중국 신문도 대략이나마 읽을 수 있는 정도까지 목표를 높게 잡고 더 매진해야 합니다.

중국어 구사능력은 중국에서 하는 모든 일에 큰 도움이 될 것입니다.

다섯째, 개인관리는 모든 것의 기본입니다.

해외에서, 중국에서 일하고 생활한다는 것은 그 자체가 쉽지 않은 일들의 연속입니다. 그 속에서 그러면 어떻게 개인관리를 해야 할까요?

우선 건강관리를 철저히 하십시오.

중국에서 어느 한순간에 건강을 잃는 사람들을 안타깝게도 많이 봤습니다. 알려진 대로 중국의 의료시설은 아직 열악합니다. 스스로 건강을 챙기지 않으면 안 됩니다. 식사를 제대로 해야 하고 운동도 꾸준히 해야 하며 필요하다면 약도 복용해야 합니다.

또한 이성과의 관계도 조심해야 합니다.

이성과의 부적절한 관계, 순간의 실수로 많은 것들을 한꺼번에 잃는 사람들도 보았습니다. 중국에 혼자 있다 보면 스트레스도 많고 일탈할 수 있는 공간도 많아집니다. 그렇기 때문에 이성과의 관계는 스스로 더 조심해야 할 부분입니다.

중국의 독한 술, 백주白酒도 마찬가지입니다. 몸을 과신하며 독한 술을 과음하다 보면 간경화 등 몸에 큰 이상이 생길 수 있습니다. 중국 술 백주白酒는 마실 때는 어지럽지 않지만 대신 간肝에 큰 부담을 줍니다. 중국의 농촌지역에 가면 백주를 즐기던 40대가 몸이 망가진 경우를 쉽게 볼 수 있고 많이 듣기도 했을 것입니다. 음주하는 횟수를 줄이고 음주할 때도 주량을 자랑하기보다 요리와 함께 마시는 등 건강을 생각해야 합니다.

중국에서 미래를 준비하시는 여러분!

예상치 못한 이슈나 돌발변수들이 생깁니까?
마음대로 잘 안 되고 제한이나 통제가 많습니까?
만나는 이들과 인간관계가 쉽지 않습니까?
생각했던 것보다 시간이 더 많이 필요합니까?

중국에서의 사업, 생활, 학업은
단거리가 아닌 장거리 마라톤입니다.

그것을 당신은 잘 알고 있고 또 너무나도 잘하고 있습니다.
지금 이 순간 자신을 믿고 자신을 사랑하십시오.
그리고 조금만 더 길게 보고 더 건강을 챙기며 화이팅하십시오.

참고문헌

• 이문열 평역 〈삼국지〉 민음사, 2004

• 교원 〈교원소설 삼국지〉 교원, 2004

• 이종선 〈따뜻한 카리스마〉 갤리온, 2011

• 유엽 〈원전 36계에서 배우는 경영의 지혜〉 나남, 2006

• 최우석 〈삼국지 경영학〉 을유문화사, 2007

• 마전비 〈한어구어 속성〉 북경어언대학, 2007

• 이효기 〈보아 한어〉 북경대학, 2004

• 중국 국무원신문판공실 〈중국사전〉 오주전파, 2008

낯설고 물선 땅에서 사업하시는 모든 분들의 앞날에
행복과 긍정의 에너지가 팡팡팡 샘솟으시기를
기원드립니다!

권선복
(도서출판 행복에너지 대표이사, 영상고등학교 운영위원장)

경기가 침체되고 저성장이 지속되고 있는 오늘날 경제 문제는 전 세
계가 풀어야 할 숙제가 되었습니다. 긴 불황을 극복하기 위한 노력들
은 계속되지만 좀처럼 회복될 기미가 보이지 않습니다. 특히 우리나라
의 경우 사드 문제로 중국 관련 수출·수입 업체나 관광업계의 타격이
커 경제 전반에 어려움이 많았습니다. 최근 한중 관계가 회복의 신호
를 보이고 있으니, 전처럼 중국과의 관계가 다시 활발해지고 끈끈해지
기를 바라 봅니다.

중국은 한때 기회의 땅으로 불렸습니다. 시장 규모가 크고 인건비가
낮아 전 세계가 주목하던 곳이었습니다. 그런데 오늘날의 중국은 세계

경제를 쥐락펴락할 정도로 성장했고, 기술도 발전해 오히려 위협적으로 느껴질 정도입니다. 이제 중국은 '도전의 땅'이라고 해도 과언이 아닙니다. 광활한 국토와 14억 인구를 바탕으로 한 잠재 성장 가능성은 여전해서 세계의 이목이 쏠려 있지만 점점 그 속에서 살아남기란 쉽지 않을 것이라는 생각이 듭니다.

『강한 2등이 돼라』는 저자가 중국에서 15년 동안 대기업 주재원으로 근무하며 몸소 터득한 사업 노하우를 담았습니다. 중국의 100여 개 도시를 출장 다니며 터득한 나름의 사업 원칙들을 18개의 법칙으로 알기 쉽게 풀어내었습니다. 중국 시장에 진출하고자 하는 많은 사람들에게는 소중한 정보가 아닐 수 없습니다. 특히 이 책의 마지막 현장 사례를 읽다 보면 저자가 왜 중국에서 성공할 수밖에 없었는지 저절로 이해가 될 것입니다. 자신의 경험을 꼼꼼히 정리해 두었다가 한 권의 저서로 펴낸 마무리도 훌륭합니다.

한광희 저자의 『강한 2등이 돼라』는 중국을 더 잘 이해하게 만들 것이며 사업을 계획하시는 모든 분들에게 귀한 자료이자 선험자의 조언서, 살아 있는 지침서로서의 역할을 충분히 해낼 것이라고 기대합니다. 중국을 배우고자 하시는 분, 중국 사업에 도전하고자 하시는 분들에게 적극 추천드립니다. 아울러 낯설고 물선 땅에서 사업하시는 모든 분들의 건승을 기원하며, 독자분들의 삶에 행복과 긍정의 에너지가 팡팡팡 샘솟으시기를 기원드립니다.